江苏高校品牌专业建设工程(TAPP)
南京体育学院运动人体科学专业资助项目

体育统计分析实务

——SPSS 操作及应用

苏 杨 著

东南大学出版社
SOUTHEAST UNIVERSITY PRESS
·南京·

内 容 提 要

本书采用 IBM SPSS Statistics 20 中文版,基于体育研究中的几类典型问题,在基本统计原理的解析基础上,从实务应用的角度出发,创造性地以体育领域真实的案例贯穿全书,介绍常见的数据处理及其 SPSS 统计分析流程。内容从体育实例到调查问卷,从参数检验到非参数检验,从描述性统计到推断性统计,主要包括:SPSS 的界面操作、数据文件建立、常见数据文件管理、连续变量和分类变量的统计描述、常用统计表制作、假设检验、方差分析、卡方检验、非参数检验、相关和回归分析、聚类分析、主成分和因子分析。

本书根据读者群数理基础薄弱的特点,完全从实际案例操作出发,讲解各类方法的综合运用,以协助读者提高实战能力,更加方便准确地分析体育相关数据。

本书可作为普通高等院校体育类各专业本科生与研究生的教材,也可作为体育教师、教练员、体育科研工作者、体育管理工作者的参考书。

图书在版编目(CIP)数据

体育统计分析实务:SPSS 操作及应用/苏杨著.
南京:东南大学出版社,2019.3(2023.7 重印)
 ISBN 978-7-5641-8327-1

Ⅰ.①体… Ⅱ.①苏… Ⅲ.①体育统计-统计分析-高等学校-教材 Ⅳ.①G80-32

中国版本图书馆 CIP 数据核字(2019)第 046184 号

出版发行:东南大学出版社
社　　址:南京市四牌楼 2 号　邮编:210096
出 版 人:江建中
网　　址:http://www.seupress.com
电子邮箱:press@seupress.com
经　　销:全国各地新华书店
印　　刷:广东虎彩云印刷有限公司
开　　本:787 mm×1092 mm
印　　张:11.5
字　　数:288 千字
版　　次:2019 年 3 月第 1 版
印　　次:2023 年 7 月第 6 次印刷
书　　号:ISBN 978-7-5641-8327-1
定　　价:39.00 元

本社图书若有印装质量问题,请直接与营销部联系。电话(传真):025-83791830

前　　言

　　体育统计是基础应用学科之一,它是数理统计方法在体育领域中的应用,为体育领域中的各类研究提供收集、整理与分析数据资料的统计方法。体育统计主要以体育领域中的随机现象为研究对象,研究其规律性。体育统计方法贯穿整个体育研究过程。

　　SPSS(Statistical Package for the Social Sciences)是世界上最早的统计分析软件,主要用于统计学分析运算、数据挖掘、预测分析和决策支持任务的完成。目前,国际常用统计软件有 SPSS、SAS、MATLAB 等。这些软件的功能和作用大同小异,但各有特色。其中,SPSS、SAS 是目前大多数企业、各类科研院所中较为流行的。SPSS 是为广大非专业人士设计的,是世界上最早采用图形菜单驱动界面的统计软件,具有操作简便、好学易懂的特点。

　　本书将体育领域中常见典型的数据统计问题进行分类,结合体育研究中的实际问题作为案例,说明如何用 SPSS 解决这些问题。内容主要介绍 SPSS 数据录入、数据管理、统计分析、报表制作等,包括常规的描述性统计、T 检验、方差分析、卡方检验、非参数检验、相关分析和回归分析;也包括近期发展的多元统计技术,如多元回归分析、聚类分析、主成分分析和因子分析等方法。

　　本书有以下特色:

　　(1) 全面　本书的内容覆盖了体育统计学科的各种基本统计分析方法及其 SPSS 所提供的基本统计分析功能。内容安排上以统计方法体系为主线,围绕描述性统计和推断性统计展开。

　　(2) 易懂　体育统计中多数统计模型都比较复杂,为降低读者学习的难度,本书中各章节大幅简化对体育统计理论的介绍和解释,重点选择较为简单易懂的典型数据作为分析案例,突出各种体育统计模型的方法、SPSS操作及结果解释。

(3)注重理论联系实际　读者只需按照完整的操作步骤,即可完成相应的数据统计分析,强化理论的应用性,真正帮助读者学以致用。

(4)内容丰富多元化　详细的结果解析与说明,让读者真正理解各种输出图表的意义。

本书希望通过典型体育案例的讲解和延伸讨论,帮助一部分专业技术强但数理基础薄弱的读者学习并运用合理的统计方法及技术分析数据,进一步对所得的结果进行准确的解释和应用,从而更好地满足读者的工作和学习需求。

运动健康科学系运动人体专业作为江苏省高校品牌专业建设工程资助项目,对本书的撰写、出版提供了支持。在此,非常感谢我的领导孙飙教授和宋雅伟教授给予支持;感谢我的同事叶强、吴文广、王阳阳老师的帮助,他们给本书提出了宝贵的意见。

编　者

2019年1月

目 录

1 SPSS 与体育统计 ·· 1
　1.1 SPSS 概述 ··· 1
　　1.1.1 启动 SPSS ·· 2
　　1.1.2 SPSS 的数据编辑窗口 ·· 2
　　1.1.3 SPSS 结果输出查看器窗口 ····································· 3
　　1.1.4 退出 SPSS ·· 3
　1.2 体育统计中的问题 ··· 4
　　1.2.1 体育统计中的基本概念 ·· 5
　　1.2.2 体育统计的常见问题类型 ······································· 5
2 数据文件的建立 ··· 7
　2.1 变量设置 ·· 7
　　2.1.1 定义变量名称 ··· 8
　　2.1.2 定义变量类型 ··· 9
　　2.1.3 变量宽度和小数位数 ·· 10
　　2.1.4 变量标签 ·· 11
　　2.1.5 变量值标签 ·· 11
　　2.1.6 缺失值定义方式 ·· 11
　　2.1.7 列宽和对齐方式 ·· 12
　　2.1.8 变量的度量标准 ·· 12
　　2.1.9 角色 ··· 12
　2.2 调查问卷的直接录入 ··· 12
　2.3 从其他文件导入数据 ··· 17
3 数据常用管理及整理 ··· 18
　3.1 分类汇总 ·· 18
　3.2 替换缺失值处理 ·· 19
　　3.2.1 锁定缺失值位置 ·· 20
　　3.2.2 填补缺失值 ·· 21
　3.3 极端值的清理 ··· 22

4 连续变量的描述统计分析 ... 25
4.1 描述性统计的指标体系 ... 25
4.1.1 集中量数 ... 25
4.1.2 离散量数 ... 27
4.2 描述性统计分析的 SPSS 案例分析 ... 29
4.2.1 频率统计 ... 29
4.2.2 描述性统计 ... 31
4.2.3 探索分析与参数估计 ... 32

5 分类变量的描述统计 ... 35
5.1 单个分类变量的描述统计 ... 35
5.2 多个分类变量的联合描述统计 ... 36
5.3 多选题的描述统计 ... 38
5.3.1 多选题的频数列表 ... 38
5.3.2 多选题的交叉列表分析 ... 39

6 统计表 ... 42
6.1 OLAP Cubes(在线分析处理) ... 42
6.2 个案汇总 ... 45
6.3 分类变量制表 ... 49
6.4 多选题的统计报表制作 ... 53

7 T检验 ... 58
7.1 假设检验概述 ... 58
7.1.1 统计假设 ... 58
7.1.2 假设检验 ... 58
7.1.3 假设检验的基本思想 ... 58
7.1.4 假设检验的两类错误 ... 60
7.2 单样本 T 检验 ... 60
7.2.1 基本概念和方法 ... 60
7.2.2 案例分析 ... 60
7.3 配对样本 T 检验 ... 62
7.3.1 基本概念和方法 ... 62
7.3.2 案例分析 ... 62
7.4 独立样本 T 检验 ... 64
7.4.1 基本概念和方法 ... 64
7.4.2 案例分析 ... 64

8 方差分析 ... 67
8.1 基本概念和方法 ... 67
8.2 单因素方差分析 ... 67

8.2.1　问题提出 ·· 67
　　　8.2.2　单因素方差分析的方法步骤 ·· 68
　　　8.2.3　案例分析 ·· 69
　8.3　双因素方差分析 ·· 75
　　　8.3.1　问题提出 ·· 75
　　　8.3.2　双因素方差分析的方法步骤 ·· 75
　　　8.3.3　无重复试验的双因素方差分析案例分析 ································ 77
　　　8.3.4　析因双因素方差分析案例分析 ·· 84

9　非参数检验 ·· 89
　9.1　二项分布检验 ·· 89
　　　9.1.1　基本概念和方法 ·· 89
　　　9.1.2　案例分析 ·· 89
　9.2　单样本 K-S(Kolmogorov-Smirnov)检验 ··· 91
　9.3　两独立样本非参数检验 ··· 93
　　　9.3.1　基本概念和方法 ·· 93
　　　9.3.2　案例分析 ·· 94
　9.4　两配对样本非参数检验 ··· 96
　　　9.4.1　基本概念和方法 ·· 96
　　　9.4.2　案例分析 ·· 97
　9.5　多独立样本非参数检验 ··· 99
　　　9.5.1　基本概念和方法 ·· 99
　　　9.5.2　案例分析 ·· 100
　9.6　多配对样本非参数检验 ··· 102
　　　9.6.1　基本概念和方法 ·· 102
　　　9.6.2　Friedman 检验案例分析 ·· 104
　　　9.6.3　Kendalli's W 检验案例分析 ·· 105
　　　9.6.4　Cochran's Q 检验案例分析 ·· 107

10　卡方检验 ·· 109
　10.1　卡方检验解决的常见问题类别 ·· 109
　10.2　卡方检验的基本概念和方法 ··· 109
　10.3　单样本案例分析 ··· 110
　10.4　一般卡方案例分析 ··· 111
　10.5　配对卡方案例分析 ··· 119
　10.6　分层卡方案例分析 ··· 122

11　相关分析 ·· 126
　11.1　两种不同的变量关系 ··· 126
　11.2　连续变量的相关分析 ··· 127

　　　　11.2.1　基本概念和方法 ·· 127
　　　　11.2.2　案例分析 ·· 127
　　11.3　等级变量相关分析 ·· 129
　　　　11.3.1　基本概念和方法 ·· 129
　　　　11.3.2　案例分析 ·· 130
　　11.4　偏相关分析 ·· 131
　　　　11.4.1　基本概念和方法 ·· 131
　　　　11.4.2　案例分析 ·· 132
　　11.5　距离相关分析 ··· 133
　　　　11.5.1　基本概念和方法 ·· 133
　　　　11.5.2　案例分析 ·· 134

12　回归分析 ·· 137
　　12.1　一元线性回归分析 ·· 137
　　　　12.1.1　基本概念和方法 ·· 137
　　　　12.1.2　案例分析 ·· 138
　　12.2　多元线性回归分析 ·· 141
　　　　12.2.1　基本概念和方法 ·· 141
　　　　12.2.2　案例分析 ·· 142
　　12.3　曲线拟合 ··· 146
　　　　12.3.1　基本概念和方法 ·· 146
　　　　12.3.2　案例分析 ·· 146
　　12.4　二分类 Logistic 回归分析 ·· 149
　　　　12.4.1　基本概念和方法 ·· 149
　　　　12.4.2　二分类自变量案例分析 ·································· 150
　　　　12.4.3　多分类自变量案例分析 ·································· 152

13　聚类分析 ·· 154
　　13.1　层次聚类分析 ··· 154
　　　　13.1.1　基本概念和方法 ·· 154
　　　　13.1.2　案例分析 ·· 155
　　13.2　快速聚类分析 ··· 158
　　　　13.2.1　基本概念和方法 ·· 158
　　　　13.2.2　案例分析 ·· 158

14　因子分析与主成分分析 ·· 163
　　14.1　基本概念和方法 ··· 163
　　14.2　案例分析 ··· 164

参考文献 ··· 173

1 SPSS 与体育统计

1.1 SPSS 概述

SPSS(Statistical Package for the Social Sciences)是世界上最早的统计分析软件,主要用于统计学分析运算、数据挖掘、预测分析和决策支持任务的完成。SPSS 由美国斯坦福大学的三位研究生于 1968 年研究开发成功,同时成立了 SPSS 公司,并于 1975 年成立法人组织,在芝加哥组建了 SPSS 总部。1984 年 SPSS 总部首先推出了世界上第一个统计分析软件微机版本 SPSS/PC+,开创了 SPSS 微机系列产品的开发方向,极大地扩充了它的应用范围,并使其很快地应用于自然科学、技术科学、社会科学的各个领域。世界上许多有影响的报纸杂志纷纷就 SPSS 的自动统计绘图、数据的深入分析、使用方便、功能齐全等方面给予了高度的评价与称赞。迄今 SPSS 软件已有 50 余年的成长历史。全球约有 25 万家产品用户,它们分布于通信、医疗、银行、证券、保险、制造、商业、市场研究、科研教育等多个领域和行业,是世界上应用最广泛的专业统计软件。在国际学术界有条不成文的规定,即在国际学术交流中,凡是用 SPSS 软件完成的计算和统计分析,可以不必说明算法,由此可见其影响力之大和信誉之高。2009 年 7 月 28 日,IBM 公司宣布将用 12 亿美元现金收购统计分析软件提供商 SPSS 公司。目前 SPSS 的最新版本为 25,而且更名为 IBM SPSS Statistics。SPSS 是软件英文名称的首字母缩写,原意为 Statistical Package for the Social Sciences,即"社会科学统计软件包"。但是随着 SPSS 产品服务领域的扩大和服务深度的增加,SPSS 公司已于 2000 年正式将英文全称更改为 Statistical Product and Service Solutions,意为"统计产品与服务解决方案",标志着 SPSS 的战略方向正在做出重大调整。

目前,国际常用统计软件有 SPSS、SAS、BMDP、GLIM、GENSTAT、EPILOG、MATLAB 等。这些软件的功能和作用大同小异,但各有特色。其中,SPSS、SAS 是目前大多数企业、各类科研院所中较为流行的,尤其是 SPSS 的总体印象分最高。SPSS 是世界上最早采用图形菜单驱动界面的统计软件,最突出的特点就是操作界面极为友好,输出结果美观漂亮。它将几乎所有的功能都以统一、规范的界面展现出来,使用 Windows 的窗口方式展示各种管理和分析数据方法的功能,对话框展示出各种功能选择项。用户只要掌握一定的 Windows 操作技能,了解统计分析原理,就可以使用该软件为特定的科研工作服务。该软件易学易用、功能强大,是非专业统计人员的首选统计软件。

SPSS 集数据录入、资料编辑、数据管理、统计分析、报表制作、图形绘制于一体,包括常规的集中量数和离散量数、相关分析、回归分析、方差分析、卡方检验、T 检验和非参数检验；也包括近期发展的多元统计技术，如多元回归分析、聚类分析、判别分析、主成分分析和因子分析等方法。

SPSS 自 SPSS 16.0 起支持 Windows 8/10、Mac OS X、Linux 及 UNIX。SPSS for Windows 是一个组合式软件包，它集数据录入、整理、分析功能于一身。本书以 SPSS 20 for Windows 标准版为案例讲解，并简称为 SPSS。

1.1.1 启动 SPSS

软件安装完毕，Windows 系统自动在"开始"菜单中创建了 SPSS 软件的快捷方式。打开"开始"菜单中的"所有程序"菜单项，单击"IBM SPSS Statistics 20.0"启动 SPSS，如图 1.1 所示。

1.1.2 SPSS 的数据编辑窗口

SPSS 主要的界面有两个：SPSS 数据编辑窗口和 SPSS 结果输出查看器窗口。首次启动 SPSS 直接进入数据编辑窗口，如图 1.2 所示。该窗口包含数据视图和变量视图两种视图方式。与电子表格类似，数据编辑窗口的左下方是视图切换标签，包括"数据视图"和"变量视图"。在新建数据文件时，首先进入变量视图进行变量类型的定义，其次进入数据视图录入并处理数据（见第 2 章）。

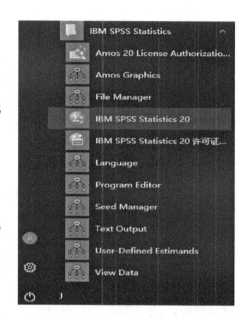

图 1.1 启动 SPSS

数据视图界面如图 1.2 所示。从上而下主要由标题栏、菜单栏、常用工具栏、编辑栏、变量名称栏、内容区域、窗口切换标签页及状态栏组成。

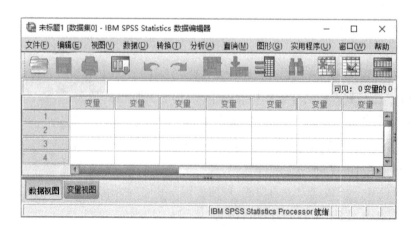

图 1.2 SPSS 数据编辑窗口

1) 标题栏

标题栏通常显示默认数据文件名为"未标题1[数据集0]",数据文件的后缀名为.sav。SPSS 的各类命令菜单在菜单栏中列出,如"文件""编辑""帮助"等常规命令菜单。"数据"菜单实现数据基本处理的相关功能,主要的统计功能命令集中在"分析"菜单中,"图形"是构建图表的菜单,"窗口"菜单实现各窗口的切换。常用工具栏中的快捷图标通常表示一些常用命令,如排序、选择个案等。

2) 编辑栏

编辑栏的功能与电子表格类似,显示当前数据单元格的内容并可同步修改。

3) 内容区域

内容区域的左侧是行号,用阿拉伯数字表示,每一行表示一个个案。列号默认为"变量",通常在变量视图中根据需要进行自定义(见第2章)。

4) 状态栏

状态栏显示 SPSS 当前的运行状态。"IBM SPSS Statistics Processor 就绪"表示 SPSS 等待用户操作。

1.1.3 SPSS 结果输出查看器窗口

当用户在数据编辑窗口中完成变量定义、数据输入并进行统计分析后,SPSS 将自动弹出结果输出查看器窗口,如图 1.3 所示。该窗口主要显示数据统计分析的过程及其结果,其输出结果分左、右两个部分,左侧窗口为索引输出区,主要是分析结果的标题及其内容索引;右侧窗口为结果输出区,显示统计分析的所有结果,包括图表等。SPSS 结果输出文件默认名为"输出1[文档1]",结果文件以.spv 的类型保存。

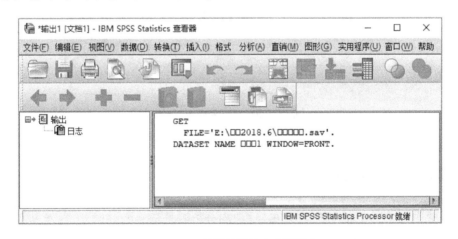

图 1.3 SPSS 数据结果输出查看器窗口

1.1.4 退出 SPSS

选择数据编辑窗口的"文件"菜单,单击"另存为"命令即可。关闭 SPSS 文件时不仅要保存数据编辑窗口的.sav 数据文件,如图 1.4 所示,而且要保存结果输出查看器窗口的.spv 文件,默认文件名为"输出1",如图 1.5 所示。

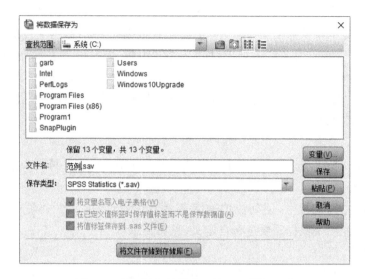

图 1.4 保存数据编辑窗口的 .sav 数据文件

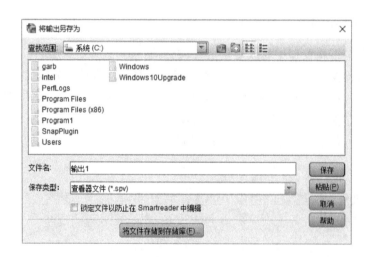

图 1.5 保存结果输出查看器窗口的 .spv 文件

1.2 体育统计中的问题

统计学作为一门应用科学,在收集、整理和分析数据资料的基础上,揭示其数据规律。作为决策科学的重要工具,统计学已渗透入多门学科,如医学、社会学等。体育统计学是统计理论及方法在体育学中的应用,基本划分为描述性统计和推断性统计两大类。体育统计基于概率统计中的大量定律及相关统计理论基础,旨在研究并揭示体育教学训练、科研及管理中的数量规律,从而为体育领域的各类行为做参考决策,促进体育科学化发展。

体育统计的研究过程通常如下:

(1) 根据研究目的,进行体育统计设计,如设计相应的调查问卷。

(2) 结合统计的抽样调查方法和特定的体育调查手段,采集客观数据并整理。

(3) 利用描述性统计方法和推断性统计方法对获取的数据进行分析判断。

(4) 得出统计结论并为体育决策提供依据。

1.2.1 体育统计中的基本概念

1) 总体和样本

总体是指所研究对象的全体。样本是指从总体中抽取的部分研究对象的集合。例如，研究某市 18 周岁男生的速度素质现状，选择 100 m 跑成绩为测试项目。总体是该市 18 周岁男生 100 m 跑步成绩，由于人数过多工作量太大，实际操作中通常抽取部分该年龄男生（如 800 名）进行测试，则被抽取的 800 名 18 周岁男生 100 m 跑步成绩构成了该研究的一个样本，其中样本含量为 800，通常记作 $n=800$。该样本中的每名男生 100 m 跑步成绩称为个体。

体育统计中推断性统计占很大比例，推断性统计即通过样本的信息推断总体信息。因此，首先要保证一定的样本含量，以便减小抽样误差；其次必须注意抽样方法的合理性，以保证样本有较好的代表性。

2) 指标或变量

指标是指反映研究对象特性的具体描述，即 SPSS 中的变量。变量的取值即为数据。例如，身高和体重是反映青少年形态发育状况的常用指标，因此，在 SPSS 中设置"身高"变量后，160 cm、170 cm 等是采集的该变量的数据。

根据不同的数据类型，将变量分为不同的类型，如离散型变量和连续型变量；如分类变量、序号变量、度量变量。这部分内容将在后续 SPSS 变量设置中详细阐述（见第 2 章）。

1.2.2 体育统计的常见问题类型

体育统计方法大致分为描述性统计和推断性统计两大类。本节主要将体育科学研究中的典型问题进行归类，给出解决此类问题的相应统计方法。具体方法如下：

(1) 对体育领域的数据进行描述性统计。

例如，抽样调查某地区学生的体质状况，分别从形态、力量、速度、耐力等项目进行测试，对上述指标进行描述性统计，如频数统计、频率、方差等。

(2) 两个未知总体之间特征数据的差异显著性比较。

例如，研究田径专业和足球专业学生的 100 m 跑成绩有无显著性差异。

(3) 多个未知总体之间特征数据的差异显著性比较。

例如，研究三种不同教学方法对跳远成绩有无影响。

(4) 两个变量数据的相关程度。

例如，肌肉拉力与肌肉收缩速度之间的相关关系。

(5) 对于有较强相关性的变量，探究回归函数关系。

例如，研究某校 20 岁女生的身高和体重的回归方程。

(6) 判断变量是否服从指定分布。

例如，某市 60 名 45 岁女性身高是否服从正态分布。

(7) 某变量是否服从特定分布。

例如,某省体质监测中性别比例是否服从正态分布。

(8) 将多个研究对象进行聚类。

例如,将体育爱好者的9项特征指标凝聚成三大类。

(9) 如何将不同量纲的多个指标归结为少数几个综合因素(因子)。

例如,根据优秀跳高运动员各项成绩的测试数据,如原地纵跳、助跑摸高成绩等,研究优秀跳高运动员应具备的综合能力。

2 数据文件的建立

数据文件的建立是进行统计分析的基础,因此,本章主要围绕如何将科研、教学过程中采集的各种数据以文件方式建立并储存起来。在 SPSS 中建立数据文件的途径大致分为两种:一是根据原始数据资料(如数据图片、调查问卷等),录入数据建立文件;二是将已有其他格式(如电子表格)的数据文件导入 SPSS。

针对上述两类方式,本章将展开说明。一般来说,直接录入法包括变量设置、数据录入、保存数据文件等几个步骤。调查问卷中不同题型的不同录入方法值得重视。

2.1 变量设置

【案例 2-1】 对运动员多项素质练习成绩的记录,包括 30 m 跑、投掷小球、挺举重量、抛实心球、前抛铅球等,建立"运动员成绩.sav"数据文件。如图 2.1 所示。

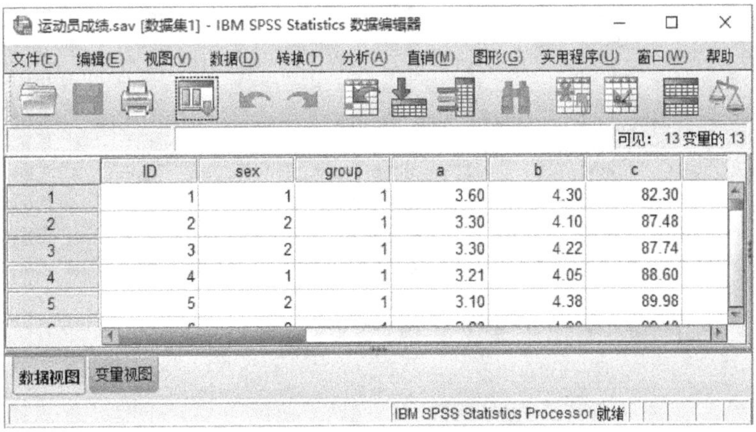

图 2.1 运动员成绩数据文件

案例 2-1 中 1 号选手的 30 m 跑成绩为常量 3.6 s,但 20 名选手 30 m 跑的成绩是变化的。变量是相对常量而言的,可以用变量 a 表示 30 m 跑成绩。

SPSS 建立数据文件的第一步,通常不是直接进入数据视图进行录入数据,而是进入变量视图进行变量设置。启动 SPSS 后,打开 SPSS 数据编辑窗口,点击左下角的"变量视图"即可,如图 2.2 所示。

在变量视图中,每一行对应一个变量。首先要定义每个变量的属性,包括名称、标签、类型及度量标准等,如图 2.3 所示。

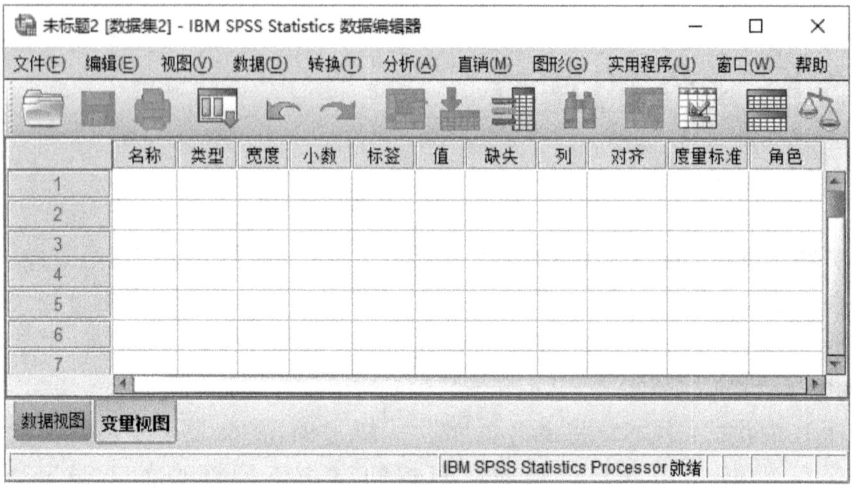

图 2.2　变量视图窗口

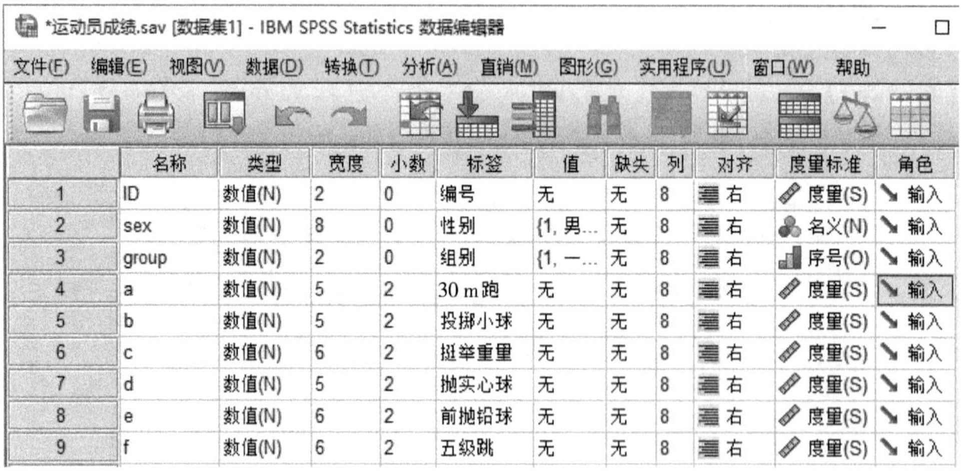

图 2.3　设置变量的属性

2.1.1　定义变量名称

1) 变量的名称

SPSS 默认的变量名称为"变量",可根据自己的需要来命名变量,通常用英文单词或字母表示。案例 2-1 中主要变量名称如图 2.3 所示,分别为:

ID——编号　sex——性别　group——组别　a——30 m 跑　b——投掷小球
c——挺举重量　d——抛实心球　e——前抛铅球　f——五级跳

2) 变量的命名原则

在 SPSS 中,定义变量名称时应遵循以下原则:

(1) 变量名不能相同,即唯一。

(2) 变量名通常是英文字母和字符组合,且少于 8 个字符组成,不出现中文。下划线"＿"和圆点"."不能作为变量名的最后一个字符。

(3) 变量名不能出现 SPSS 的保留字,如 ALL、AND、OR、NOT、EQ、GE、GT、LE、LT、NE、TO、WITH 及常用的函数符号等。

(4) 变量名不区分大小写字符,例如 SEX 与 sex 视作同一变量。

2.1.2 定义变量类型

不同的变量对应不同的变量类型,SPSS 变量视图中默认的是"数值型"。在案例 2-1 中,若单击变量 ID 的"类型"单元格,其右侧出现省略号,如图 2.4 所示。

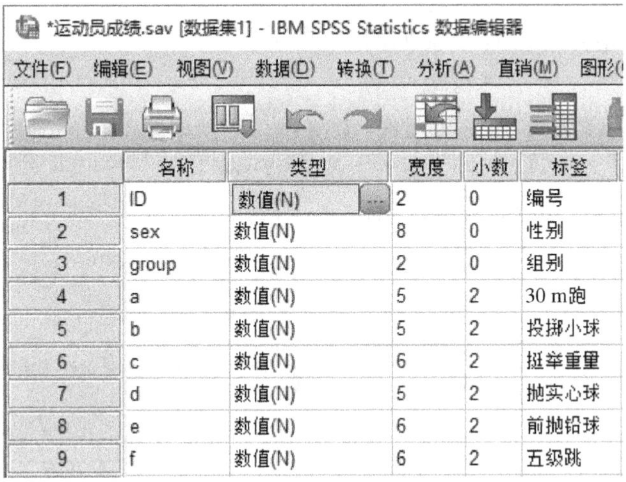

图 2.4 更改变量类型

单击省略号,打开"变量类型"对话框进行选择,单击"确定"按钮即可,如图 2.5 所示。

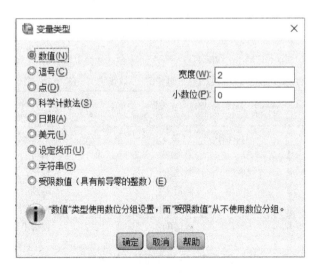

图 2.5 "变量类型"对话框

在SPSS 20.0版本中,变量类型共分为9种。其中基本类型只有3种:数值型、字符型和日期型。

1) 数值型

数值型变量主要由0~9的阿拉伯数字和特殊符号组成,其中特殊符号包括美元符号、逗号、点等。"数值"根据内容和显示不同,又可细分为"标准数值"、每三位用逗号分隔的"逗号"型、带美元符号的"美元"型等6种不同表示方法。案例2-1中变量b指投掷小球成绩,数据以m为单位,因此是"标准数值(N)"类型,并可在右侧输入相应的宽度(长度)和小数位数,其中宽度应该大于变量数据的"整数位+小数点位+1",变量b的数据保留两位小数,故宽度应大于4。该"宽度"属性也可在图2.4中直接设置。

2) 字符型

字符型变量也是体育统计中常见的类型。默认的宽度是8但不进行数学运算。字符型变量的数据通常为中文形式,如变量"name"即姓名,一般以中文形式录入数据;案例2-1中变量"sex"指性别,数据录入值为"男"或"女",属于字符型。

3) 日期型

日期型变量通常用来表示日期或时间。显示的格式在右侧对话框中选择,如图2.6所示。

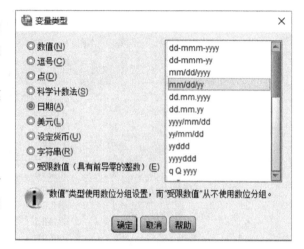

图2.6 日期型变量对话框

2.1.3 变量宽度和小数位数

变量的默认宽度是8,根据需要自行调整,当变量为日期型时无效。同理设置小数位数。选中当前单元格,单击右侧"上下"箭头即可。案例2-1中的成绩变量a、b可设置为保留两位小数,如图2.7所示。

	名称	类型	宽度	小数	标签
1	ID	数值(N)	2	0	编号
2	sex	数值(N)	8	0	性别
3	group	数值(N)	2	0	组别
4	a	数值(N)	5	2	30 m跑
5	b	数值(N)	5	2	投掷小球

图2.7 设置变量的小数位数

2.1.4 变量标签

变量标签是变量名称对应的中文描述,最长可达 120 个字符。案例 2-1 中主要的变量标签如表 2.1 所示。

表 2.1 案例 2-1 中的变量标签

变量名	变量标签	变量名	变量标签
ID	编号	c	挺举重量
sex	性别	d	抛实心球
group	组别	e	前抛铅球
a	30 m 跑	f	五级跳
b	投掷小球		

2.1.5 变量值标签

变量的值标签是对变量的每个取值进行量化的过程,对于分类或序号变量非常有用。案例 2-1 中变量 sex 的取值为"男"或"女",为避免录入数据的繁琐并方便后续的分析,要为变量赋值,用 1 代表男,2 代表女。因此,数据类型由"字符串"转变为"数值"。

具体设置步骤如下:

(1) 选择该变量的"值"单元格,单击其右侧的省略号,弹出"值标签"对话框。
(2) 在"值"和"标签"文本框中分别输入"1"和"男"。
(3) 单击"添加"按钮。
(4) 同理将变量取值"女"赋值为"2",并添加,如图 2.8 所示。

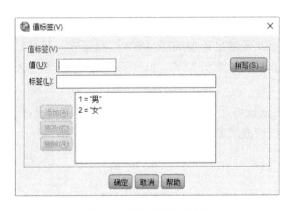

图 2.8 "值标签"对话框

图 2.9 "缺失值"对话框

2.1.6 缺失值定义方式

缺失属性用于定义变量的缺失值。SPSS 中的缺失值分为系统缺失和用户自定义缺失两大类。如在调查问卷中有些被调查者不愿意回答的问题,即用户自定义缺失值。

单击相应变量缺失值属性单元格右侧的省略号,打开"缺失值"对话框,如图 2.9 所示:

(1) 没有缺失值。

(2) 离散缺失值。最多可以定义 3 个单独的缺失值。

(3) 若变量的取值既有连续值，又有部分离散值，则可指定一个缺失区间范围，同时指定一个离散值。

2.1.7 列宽和对齐方式

单元格的列宽，默认为 8。对齐方式包括左对齐、居中对齐和右对齐，根据需要自行选择。

2.1.8 变量的度量标准

变量的类型在很多情况下不能准确全面地说明变量的属性。案例 2-1 中变量的类型，如图 2.3 所示：

(1) 变量 sex"性别"：数值型。"1"代表"男"，"2"代表"女"。但 1 和 2 只代表一种符号不能进行运算，并不表示 2 比 1 大。

(2) 变量 group"组别"：数值型。"1"代表"一级运动员"，"2"代表"健将级运动员"，1 和 2 也是符号，并进一步有顺序之分，2 的等级优于 1，但两级之间的差距无法用数字之差衡量。

(3) 变量 b"投掷小球"：数值型。显然，4.30 m 比 4.10 m 成绩好，且差距是 0.2 m。

比较上述 3 个数值型变量，类型相同，但数值的具体含义显然有很大差别，适用的统计方法也必然有差异。因此需要根据不同标准将变量进行分类，设置度量标准属性。

SPSS 度量标准属性中将变量由低级到高级分为三类：名义变量、序号变量和度量变量，如图 2.3 所示。

(1) 名义变量：即无序分类变量。即按照事物的某种属性对其进行分类分组。案例 2-1 中变量 sex 虽然被赋值，但数值 1 和 2 只表示性别分类，所以是名义变量。

(2) 序号变量：即定序变量，亦称有序分类变量。表示事物之间有顺序之分，通常可以比较优劣好坏进行排序。案例 2-1 中 group 变量是典型的序号变量，赋值的 1 和 2 没有数字的意义。序号变量通常可以计算累计频数和累计频率，如计算一级运动员的人数和比例。

(3) 度量变量：即连续变量。即两个测量值之间的距离可以具体量化的变量，通常连续型变量是度量变量。案例 2-1 中各项运动成绩都是度量变量。

2.1.9 角色

该属性是 SPSS 中新增的，属于 SPSS 数据挖掘方法体系的要求，默认为"输入"状态，一般可不做更改。

2.2 调查问卷的直接录入

案例 2-1 是变量清晰的简单数据文件，在定义好变量之后进入数据视图，实质上已经形成了类似数据库文件的二维表格，每列对应一个变量，每行对应一条记录。表格的列标题即已有定义的变量名，表格的左侧的阿拉伯数字是每个观察量的序号。行列交叉对应一个单元格,直接输入对应的数据即可,如图 2.1 所示。但体育领域经常收集到的是非电子化的原始数据资料,如调查问卷。下面针对问卷中不同的常见题型进行讨论。

1) 开放题录入

如图 2.10 所示,被调查者自行填写答案的填空题一般称为开放题。包括两种类型:姓名 name 是字符型开放题;身高 height 是数值型开放题。

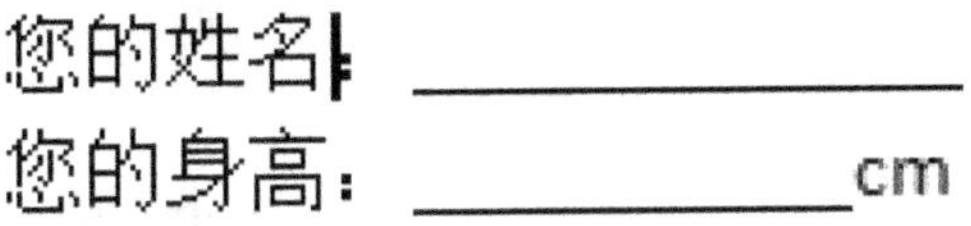

根据前面的相关知识,变量设置如图 2.11 所示。

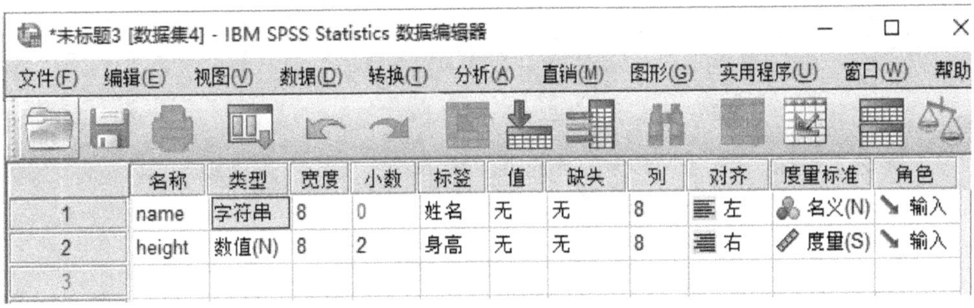

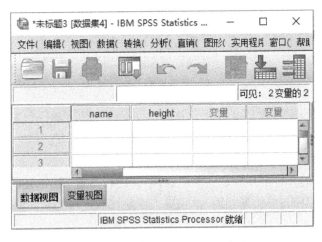

图 2.10 调查问卷中的开放题

图 2.11 开放题的变量设置

需要注意的是,变量 name 默认的 8 个字符宽度只能存放 4 个汉字,可根据需要增加宽度,最大不超过 256 个字符即可。

接着,切换到数据视图,如图 2.12 所示。前两列变量名已显示,其余列变量名称为灰色"变量",说明尚未使用。各行的行号为灰色,说明目前未输入过数据,可以对已有变量进行记录数据输入了。

图 2.12 已定义好变量的开放题的数据视图

2) 单选题录入

如图 2.13 中的单选题,首先进入变量视图进行变量设置,如图 2.14 所示。变量名称以 Q(question)命名,标签为单选题题干部分,通常将选项部分作为值标签赋值。如第 1 题的

1. **在过去的7天里**，您坐着活动(例如看电视、用电脑、看书、做针线活儿等)**有多少天?**
   (A) 没有（0天）　　(B) 很少（1-2天）　　(C) 时常（3-4天）　　(D) 常常（5-7天）

2. 平均**每天**路上步行的**时间**为多久？
   (A) 低于1小时　　(B) 1-2小时　　(C) 3-4小时　　(D) 超过4小时

图 2.13　调查问卷中的单选题

变量名称为 Q1,Q1 赋值如图 2.15 所示,类型由字符型转换为数值型。

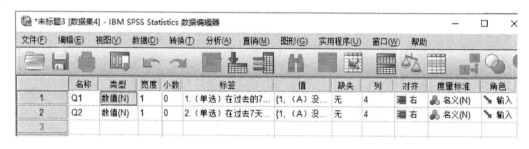

图 2.14　单选题的变量设置

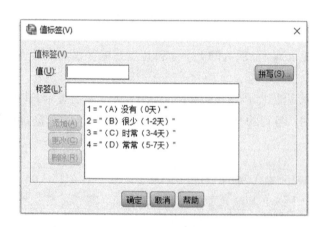

图 2.15　单选题的赋值对话框

总之,单选题的录入方式与开放题有相似之处,每一题对应一个变量。单选题多采用"数值类型＋值标签"的形式设置变量。数据录入同上,不再重复。

3) 多选题录入

图 2.16 是常见的含有半开放题的多选题,半开放题是指"其他,请写出_____"选项。多选题录入数据的程序与单选题相同,首先进入变量视图进行变量设置,如图 2.17 所示,然

18. （多选）您认为体育锻炼对身体健康的改善有哪些？（请打勾）
    □减轻甚至消除病患　□预防疾病　□强健体魄　□没有作用
    其他，请写出_____

图 2.16　调查问卷中的多选题(包含半开放题)

后进入数据视图进行数据输入。

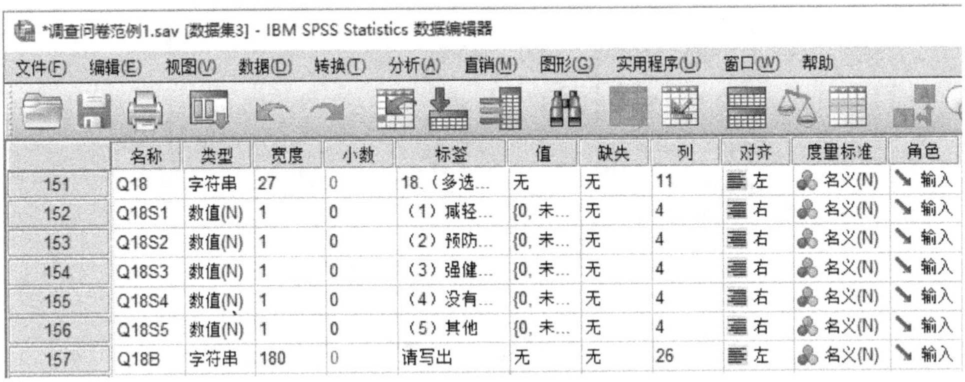

图 2.17 多选题的变量设置

但定义变量时一般采用"多重二分法"。步骤如下：

(1) 题干部分设置为字符串型的总变量 Q18。

(2) 五个选项分别对应一个变量,如第一个选项"减轻甚至消除病患"设置为名义变量 Q18S1。但类型为数值型,采用"多重二分法"进行赋值,如图 2.18 所示。以 0 表示未选中该选项,1 表示选中该选项。

(3) 第 5 个选项比较特殊,因其是半开放题。在步骤(2)中设置 Q18S5 变量后,需要增设变量 Q18B,表示若选择了第 5 个选项后,需要被调查者自主填写内容,故 Q18B 是字符串型变量。

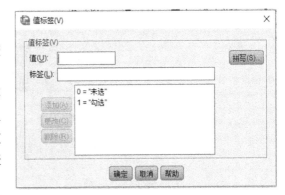

图 2.18 多重二分法的赋值对话框

4) 设定多选题变量集

上述多选题的变量设置好并录入数据后,SPSS 默认这是多个分散变量,而不认为代表一道多选题,因此,需要通过多重响应将上述分散变量设定为变量集,从而将全部同样编码的二分类变量(多选题的每个选项)当做一个整体进行分析。

在 SPSS 中选择"分析"→"多重响应"→"定义变量集"命令,打开"定义多重响应集"对话框,如图 2.19(a)(b)(c)所示。按如下步骤设置：

(1) 如图 2.19(a)所示,选择图 2.16 中多选题选项的同样编码的二分类变量 Q18S1~Q18S5(即按"0""1"二分法赋值的 5 个选项变量)。

(2) 如图 2.19(b)所示,将左侧变量文本框中被选中的这 5 个分变量加入右侧"集合中的变量"文本框,编码区域"二分法"的"计数值"填入"1"(此处填入选项被选中的值标签),"名称"文本框自定义为"C18","标签"栏根据题意定义为"体育锻炼效果"。

(3) 在图 2.19(b)中,点击右侧的"添加"按钮,生成该多选题的多重变量集 $C18,该新变量表示该多选题作为一个整体进行分析,如图 2.19(c)所示。

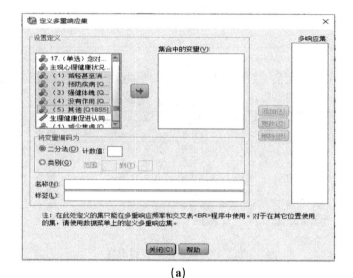

(a)

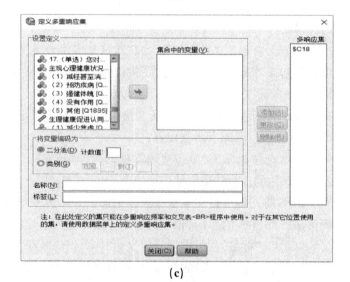

(b)

(c)

图 2.19　多重响应集对话框

2.3 从其他文件导入数据

SPSS 有较强的兼容性,不仅可以通过直接录入数据建立文件,而且可以导入其他文件的数据,如表 2.2 所示。

表 2.2　SPSS 可以直接导入的主要数据文件类型

文件类型	说明
SPSS/PC + (＊.sys)	SPSS for DOS 建立的数据文件
SPSS Portable(＊.por)	其他软件生成的 ASCII 码文件
Excel(＊.xls,＊.xlsx,＊.xlsm)	各版本的 Excel 电子表格文件
dBASE(＊.dbf)	dBASE、FoxBase、FoxPro 建立的数据文件

体育领域最常见的是导入 Excel 的电子表格文件数据。步骤如下:

(1) 选择"文件"菜单→"打开"→"数据"命令。进入"打开数据"对话框,如图 2.20 所示。选择电子表格所在位置,打开文件类型的下拉菜单,选择 Excel 文件类型,再选中文件,点击"打开"按钮,弹出如图 2.21 所示对话框。

图 2.20　"打开数据"对话框

(2) 如图 2.21 所示,在读取变量对话框中,首先选择从第一行数据读取变量名。其次点击"工作表"下拉框选择读取的数据工作表,"范围"文本框中可指定读取数据的具体位置(如 A1:F19)。图 2.21 中没填写"范围",即默认导入选定工作表"学生体质与健康调查问卷"所有数据。

(3) 点击图 2.21 中"确定"按钮,将数据导入 SPSS。最后给导入的数据文件中每个变量添加标签,完善变量属性。

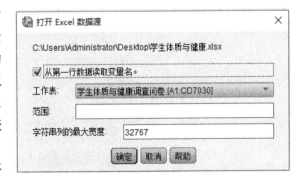

图 2.21　"打开 Excel 数据源"对话框

3 数据常用管理及整理

建立数据文件后,经常要对原文件先进行编辑加工,对原数据进行整理。简单的命令,包括插入(删除)变量、插入(删除)个案、数据排序、数据行列互换等,功能类似于其他数据管理软件(如 excel 电子表格),且大多能在常用工具栏上直接使用,本书不再详解。本章侧重介绍一些常用数据管理和整理的过程。

3.1 分类汇总

分类汇总是体育统计工作中经常碰到的情况。它是按指定的分类变量对个案分组,再按组求变量的指定描述性统计指标。例如案例 2-1 中,记录所有运动员的项目成绩,现在想了解不同性别运动员的前抛铅球成绩的均值情况,操作步骤如下:

(1) 选择"数据"菜单→"分类汇总"命令,打开"汇总数据"对话框,如图 3.1 所示。

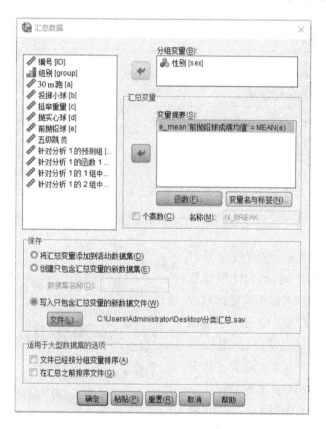

图 3.1 "汇总数据"对话框

(2) 将左侧变量框中"性别"选入"分组变量",将变量 e"前抛铅球"选入"变量摘要"列表框,点击"函数"按钮,如图 3.1 所示。选择"摘要统计量"中的"均值"(见图 3.2),即按性别汇总变量 e 的均值。

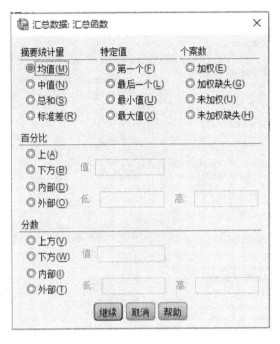

图 3.2 "汇总函数"选择

(3) 点击图 3.1 中"变量名与标签"按钮,弹出下一级对话框,如图 3.3 所示。"名称"已默认,在"标签"栏中填入"前抛铅球成绩均值",点击"继续"按钮回到图 3.1 所示主对话框。

(4) 在图 3.1 中选择"保存"方式,"将汇总数据添加到活动数据集"是指将汇总结果加入当前数据文件,"创建只包含汇总变量的新数据集"是指汇总结果替换现有数据,"写入只包含汇总变量的新数据文件"是指将汇总结果单独保存为一个新数据集。本案例中选择第三种方式。因此,点击图 3.1 中的"文件(L)"标签,选择保存路径即可。

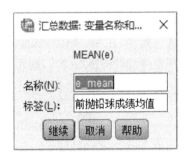

图 3.3 汇总变量的名称与标签

3.2 替换缺失值处理

第 1 章变量属性设置中涉及缺失值,SPSS 中有专门处理缺失值的功能命令。样本量较多的情况下,在数据视图中手动寻找缺失值效率较低,故需要批量定位缺失值,然后进行有效处理。

3.2.1 锁定缺失值位置

以处理案例 2-1 中变量 a(30 m 跑)的缺失值为例,步骤如下:
(1) 打开"数据"菜单→"选择个案"命令。如图 3.4 所示。

图 3.4 "选择个案"对话框

(2) 在图 3.4 中,在"输出"区域选择"过滤掉未选定的个案",在"选择"区域点击"如果条件满足",单击"如果(I)",弹出二级菜单,如图 3.5 所示。首先在右侧"函数组"中选择"缺失值";其次,在"函数和特殊变量"中选择"Missing"函数;此时,在上面空白的条件框中自动出现条件"MISSING(?)",表示调用了 Missing 函数,将返回逻辑值 1 或 0。

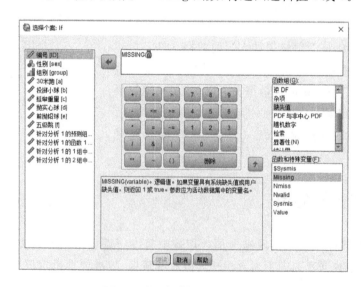

图 3.5 "函数选择"二级对话框

(3) 选择左侧变量框中的变量 a(30 m 跑)进入"条件输入文本框",条件设置完成,如图 3.6 所示。点击"继续"按钮,回到图 3.4 所示的对话框,选择"确定"即可。

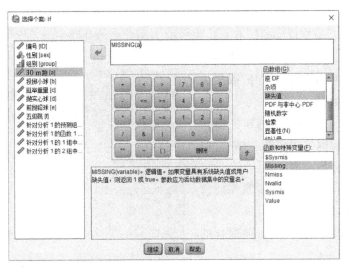

图 3.6 Missing 函数的调用

(4) 如图 3.7 所示,数据视图中已锁定变量 a 中的缺失位置。结果判断方法一,行号未被"删除"的记录存在缺失值;结果判断方法二,产生了新变量 filter_$,返回了调用 Missing 函数的逻辑值,1 表示被选定,即缺失值。

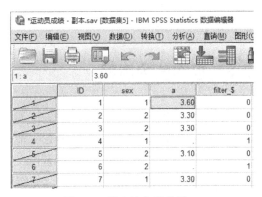

图 3.7 锁定缺失值位置

3.2.2 填补缺失值

在上述缺失值位置锁定后,应该采用科学方法进行替代,即填补缺失值以保证一定的样本数据。步骤如下:

(1) 点击"转换"菜单→"替换缺失值"命令,打开"替换缺失值"对话框,如图 3.8 所示。

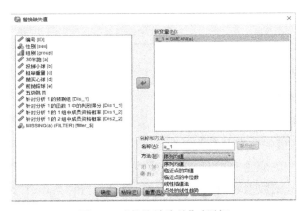

图 3.8 "替换缺失值"对话框

(2) 在左侧变量列表中选择存在缺失值的变量 a,添加到右侧的“新变量”文本框中,此时,系统自动产生替换缺失值后的新变量 a_1,在右下方的“名称”文本框中可自定义新变量名称;再在“方法”的下拉列表中选择计算缺失值的数学方法,主要有以下几种:

① 序列均值:用变量 a 的所有非缺失数据的均数来填补缺失值。

② 临近点的均值:用与缺失值相邻的两点非缺失数据的均数来填补,取多少个相邻数据可自由定义。

③ 临近点的中位数:用与缺失值相邻的两点非缺失数据的中位数来填补,取多少个相邻数据可自由定义。

④ 线性插值法:以一次多项式插值函数为插值方式,填补缺失值。

⑤ 点处的线性趋势:以线性拟合的方法计算替换值。

(3) 单击图 3.8 中的“确定”按钮,填补缺失值完成后,在数据视图产生新变量 a_1,如图 3.9 所示。

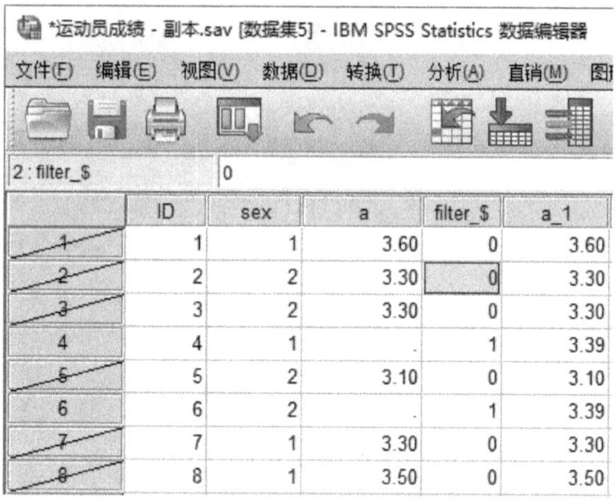

	ID	sex	a	filter_$	a_1
1	1	1	3.60	0	3.60
2	2	2	3.30	0	3.30
3	3	2	3.30	0	3.30
4	4	1	.	1	3.39
5	5	2	3.10	0	3.10
6	6	2	.	1	3.39
7	7	1	3.30	0	3.30
8	8	1	3.50	0	3.50

图 3.9 “填补缺失值”的结果

3.3 极端值的清理

在数据采集与数据录入的过程中,原始数据可能存在各种差错现象,数据清理是进一步分析的基础和前提。因此,必须首先清理原始数据文件中的一些无效数据,极端值就是比较典型的一类数据。极端值,顾名思义是指一些极端的数值,在统计上特指原数据的标准 Z 分在两个标准差以外(第 4 章将介绍标准差 s)的值。

所谓标准 Z 分,是体育领域常见的体育评分方法之一。由于不同项目的成绩有不同的单位,不能直接进行比较,因而需要找到统一的评价标准来衡量好坏。标准 Z 分以数据平均值为参照点,以标准差为单位将原数据进行标准化。

计算公式为:

$$Z=\pm\frac{(x-\bar{x})}{s}。$$

式中:x—— 观测值;

$\bar{x}$—— 样本平均值;

s—— 样本标准差。

可见,平均值所对应的标准 Z 分为 0 分。

下面以案例 2-1 中的变量 d(抛实心球成绩)为例,介绍极端值的处理方法。步骤如下:

(1) 需要将变量 d 的数据转换成标准 Z 分。打开“分析”菜单→“描述”命令,弹出“描述性”对话框,如图 3.10 所示。

选择左侧变量 d(抛实心球)进入右侧“变量”框,选择左下角“将标准化得分另存为变

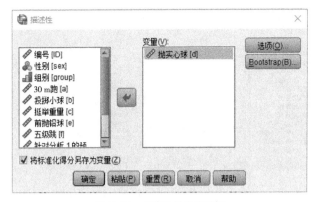

图 3.10 "描述性"对话框

量",单击"确定"按钮,结果如图 3.11 所示,新变量 Zd 即变量 d 的标准 Z 分。

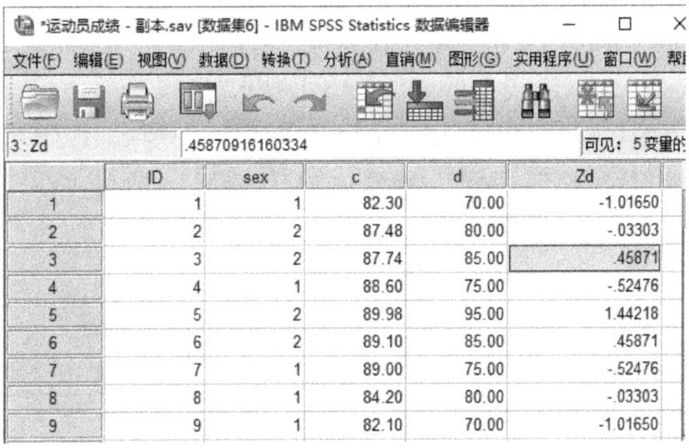

图 3.11 标准 Z 分转换结果

（2）输入条件筛选出极端值。打开"数据"菜单→"选择个案"对话框,如图 3.12 所示。单击"如果(I)"按钮,进入"选择个案：If"对话框,如图 3.13 所示。

图 3.12 "选择个案"对话框

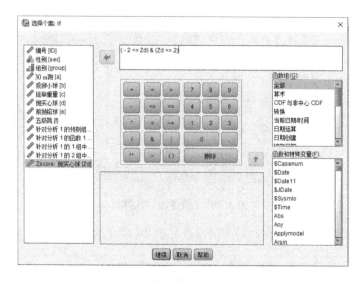

图 3.13 筛选极端值的条件设置

在图 3.13 所示条件文本框中输入筛选条件,即保留变量 Zd 中绝对值在 $2s$(两个标准差)之内的值。点击"继续"按钮,回到上级对话框,如图 3.14 所示,结果"输出"区域选择"过滤掉未选定的个案",点击"确定"即可。

图 3.14 设置条件完成的"选择个案"对话框　　图 3.15 极端值筛选结果

(3) 在数据视图中检查处理结果。根据行号的"删除"记号和过滤变量 filter_$ 的"0"取值,判断第 12 行记录是一个极端值并删除,如图 3.15 所示。

4 连续变量的描述统计分析

前面三章对原始数据进行了录入、整理及清理等工作,在此基础上可根据需求,针对样本中某些变量做基本统计分析。统计分析方法分为两大类:描述性统计和推断性统计。本章将介绍连续变量的描述性统计和参数估计。

4.1 描述性统计的指标体系

描述性统计是通过相应的统计指标或图表初步了解样本数据分布的特征和规律。样本的指标又称为统计量,如平均数、中位数、众数、方差、百分数、频数等以及区间估计。通常从两个方面去进行描述:一是集中趋势的描述指标,反映样本数据向中心值的集中程度;二是离散趋势的描述指标,反映样本数据的分散程度。因此描述性统计的指标体系分为集中量数和离散量数。

4.1.1 集中量数

为了解数据的分布情况,统计学中提供了常用的一些代表原始数据中心趋势的指标,如算术平均数、中位数、众数等。

1) 算术平均数

算术平均数是最常用的集中量数,简称均值。它表示某变量所有取值的集中趋势或者平均水平。总体的均数用希腊字母 μ 表示,样本均数用 $\bar{x}$ 表示。对于基本服从正态分布的变量,可用均数表示作为集中趋势的描述指标,即将各数据直接相加求和,再除以样本含量 n。其计算公式为: $\bar{x} = \sum x / n$。

注意算术平均数不适合严重偏态分布的变量。

【**案例 4-1**】 测得 8 名男生 50 m 行进间跑成绩分别为:6″2、6″、6″5、7″4、6″8、6″6、7″3、6″1。求算术平均数 $\bar{x}$。

解: $\bar{x} = \dfrac{\sum x_i}{n} = \dfrac{6.2 + 6.0 + 6.5 + \cdots + 6.1}{8} = \dfrac{52.9}{8} \approx 6.61 \approx 6″6$

2) 中位数

一组数据按照递增或者递减的顺序排列后,处于中间位置的数值就是中位数,通常用 M 表示。它不受极端数值的影响,具有较好的稳定性。

若样本含量 n 为奇数时,把数据按大小顺序排列后,中间那个数即为中位数。公式为:

$$M = x_{\frac{n+1}{2}}$$

若样本含量 n 为偶数时,把数据按大小顺序排列后,取中间的两个数的平均值,即为中位数。公式为：

$$M = \frac{1}{2}(x_{\frac{n}{2}} + x_{\frac{n}{2}+1})$$

中位数适用于任意分布的数据，是中心位置代表值，但当样本量较小时会不稳定。综上所述，分布较对称时首选均值，当一组观测数据呈单峰不对称分布时，用中位数表示它们的集中趋势更合理。

【案例 4-2】 7 名学生引体向上的次数分别为：10、2、5、8、3、18、7，求中位数。

解：先按照从小到大的顺序排列，然后找中间位置的数，$M = x_{\frac{n+1}{2}} = x_{\frac{7+1}{2}} = x_4 = 7$

【案例 4-3】 8 名学生 50 m 行进间跑成绩分别为：6″2、6″、6″4、7″4、6″8、6″6、7″3、6″1，求中位数。

解：先排序 6、6.1、6.2、6.4、6.6、6.8、7.3、7.4，

$$M = \frac{1}{2}(x_{\frac{n+1}{2}} + x_{\frac{n}{2}+1}) = \frac{1}{2}(x_{\frac{8}{2}} + x_{\frac{8}{2}+1}) = \frac{1}{2}(x_4 + x_5)$$

$$= \frac{1}{2}(6.4 + 6.6) = 6.5 = 6″5$$

3）众数

众数是一组观测数据中出现频数（次数）最多的那个数值，通常用 Mo 表示。众数是一种较为粗略地描述集中趋势的指标，主要用于衡量定类数据的集中趋势。

【案例 4-4】 影响中学生体育兴趣形成因素频数分布如表 4.1 所示，求众数。

表 4.1 中学生体育兴趣形成因素频数分布表

影响因素	频数
学校体育的影响	124
家庭的影响	189
同辈群体的影响	308
宣传媒体的影响	128
体育明星的影响	235
其他	16

解：Mo＝同辈群体的影响。

4）百分位数

将一组有序排列的观测数据 100 等分，第 x 等份对应的数值称为第 x 百分位数，用符号 P_x 表示。百分位数将数据变为百分划分等级，通常描述个体在团体中所处的位置。P_x 理论上将这组数据分为两大部分，其中 $x\%$ 的数据比它小。计算公式如下：

$$P_x = L + \frac{i}{f}\left(\frac{x \cdot n}{100} - c\right)$$

式中：L——第 x 百分位数所在组的下限；

f——第 x 百分位数所在组的频数；

c——第 x 百分位数所在组的前一组累计频数；

n——样本含量；

i——组距。

【案例 4-5】 上海市某小学 80 名二年级男生身高数据频数分布(cm),如图 4.1 所示。试计算 P_{75}。

组 限	频 数	累计频数
115∽	1	1
118∽	3	4
121∽	8	12
124∽	10	22
127∽	20	42
130∽	19	61
133∽	12	73
136∽	4	77
139∽	2	79
142∽	1	80
Σ	80	

图 4.1　80 名二年级男生身高数据频数分布

解:$\dfrac{x \cdot n}{100} = \dfrac{75 \times 80}{100} = 60$,

第 75 百分位数在 130∽组,

$$P_{75} = L + \dfrac{i}{f}\left(\dfrac{x \cdot n}{100} - c\right) = 130 + \dfrac{3}{19}\left(\dfrac{75 \times 80}{100} - 42\right) \approx 133(\text{cm})$$

故该小学 80 名二年级男生中有 75% 的人身高小于等于 133 cm。

中位数是特殊的百分位数,即 P_{50}。除此之外,后续 SPSS 中常见的百分位数有四分位数,即 P_{25}, P_{50}, P_{75}。这三个标志值正好将全部数据按一定顺序四等分。

4.1.2 离散量数

描述一组数据分布离散程度的量数称为离散量数。离散量数包括标准差、方差、全距、均值标准误差、变异系数等。

1) 标准差和方差

样本标准差通常用 s 表示,总体标准差用 σ 表示。它是最常用的反映数据离散程度的指标。方差是标准差的平方。

标准差 $\qquad s = \sqrt{\dfrac{\sum(x_i - \bar{x})^2}{n-1}}$

方差 $\qquad s^2 = \dfrac{\sum(x_i - \bar{x})^2}{n-1}$

式中:x_i——样本观测值;

$\bar{x}$——样本平均值;

n——样本含量。

【案例 4-6】 计算甲、乙、丙三名射手射击命中环数的标准差。

甲	7	7	8	7	6
乙	8	5	7	9	6
丙	10	9	0	10	6

解：三人均值都是 7 环，所以计算离散指标进一步描述数据的特征。

$$s_甲=\sqrt{\frac{\sum(x_i-\bar{x})^2}{n-1}}=\sqrt{\frac{(7-7)^2+(7-7)^2+(8-7)^2+(7-7)^2+(6-7)^2}{5-1}}$$

$$=\sqrt{\frac{2}{4}}=0.707,$$

以此类推，$s_乙=1.581$，$s_丙=4.242$。

比较三人的标准差可知，甲的稳定性最好，选手丙的稳定性最差。

标准差描述了一组观测数据距离其中心值的离散趋势，反映了观测数据的平均差异程度、波动程度，同时还可以反映算数平均数代表性的高低。

标准差在计算上是通过平方法消去离差的正负号，更便于数学上的处理。全部数据参加计算，在样本含量足够大时，其数值较稳定，故它是测量数值型数据离散趋势最重要的、最常用的特征量数。

2) 全距

全距亦称为极差，是一组数据中最大值与最小值之差的绝对值。在样本含量相同的情况下，全距大的一组数据较其他组更为分散。

计算公式：全距(R)＝最大值－最小值。

【案例 4-7】 测得 6 名女生收缩压(mmHg)如下：108、122、98、104、122、112。求全距。

解：$R=122-98=24$ mmHg。

3) 均值的标准误

样本均数的标准差称为均数的标准误。均数的标准误表示样本均数的变异度。$\sigma_{\bar{x}}=\frac{\sigma}{\sqrt{n}}$ 称为理论标准误。当总体标准差未知时，用样本方差代替。$s_{\bar{x}}=\frac{s}{\sqrt{n}}$ 称为样本标准误。

从公式可见，在其他条件一定的情况下，样本含量越小，抽样误差越大；样本含量越大，抽样误差越小。描述样本均数的抽样误差，标准误越小，表示样本均数围绕总体均数的波动越小，表明样本的代表性就越好。

一般来说，不重复抽样比重复抽样的抽样误差相对小些。系统抽样和分层抽样比简单随机抽样和整群抽样的抽样误差小些。

4) 变异系数

一组观测数据标准差与平均数之比称为变异系数，变异系数通常以百分比的形式表示，符号为 $c.v$。变异系数的计算公式 $c.v=\frac{s}{\bar{x}}\times 100\%$。

变异系数常用于比较两组或两组以上观测数据之间的离散程度,而且可以消除数据量纲的不同。

【案例 4-8】 测得一名运动员 100 m 跑、跳远两项成绩计算结果如下,哪一项成绩较稳定?

100 m 跑:$\bar{x} = 12.1$ s,$s = 0.124$;跳远:$\bar{x} = 5.55$ m,$s = 0.116$。

解:100 m 跑:$c.v = 1.02\%$,跳远:$c.v = 2.09\%$,

$1.02\% < 2.09\%$,故 100 m 跑成绩较稳定。

5) 偏态度和峰态度

偏态度、峰态度都是描述观测数据分布形态的特征量数。

偏态度(Skewness)是描述观测数据分布形态的偏斜方向和程度的量数,用 S_k 表示。

计算公式为:
$$S_k = \frac{\frac{\sum(x_i - \bar{x})^3}{n}}{s^3} = \frac{\sum(x_i - \bar{x})^3}{ns^3}$$

式中:x_i——各观测数据值;

$\bar{x}$——观测数据的算术平均值;

n——样本含量;

s——样本标准差。

峰态度(Kurtosis)是描述观测数据分布形态的陡缓程度,用 K_u 表示。

计算公式为:
$$K_u = \frac{\frac{\sum(x_i - \bar{x})^4}{n}}{s^4} - 3 = \frac{\sum(x_i - \bar{x})^4}{ns^4} - 3$$

式中:x_i——各观测数据值;

$\bar{x}$——观测数据的算术平均值;

n——样本含量;

s——样本标准差。

4.2 描述性统计分析的 SPSS 案例分析

从上述指标体系的公式可以看出,计算公式大多较为繁琐,通过 SPSS 相应模块命令可以较快地完成连续变量的基本描述性统计分析。命令集中在"描述统计"子菜单中,分别是"频率统计""描述性统计""探索分析",三种方法各有特色。

4.2.1 频率统计

频率统计可以生成频数表,样本的指标也比较全面,可根据需要自由选择指标。

【案例 4-9】 已知一组学生助跑摸高的成绩(m)为:3.13、3.03、3.08、3.03、3.12、3.15、2.97、3.05、3.15、3.08、3.16、3.25、3.07、3.20、3.17。试制作频数表,并计算其第 20、30、60、90 百分位数和均数、中位数、众数、标准差、全距、标准误。

(1) 设置变量 h(助跑摸高)。完成数据录入后,选择"分析"菜单→"频率统计"→"频率"命令,"频率"对话框,如图 4.2 所示。

(2) 在图 4.2 中,将左侧变量 h(摸高)选入右侧"变量"文本框,选择左下角"显示频率表格"。

(3) 点击图 4.2 中"统计量"标签,在"统计量"对话框中选择题目要求的相应指标,如图 4.3 所示。选择"百分位数",键入"20",点击"添加"按钮,依次添加第 30、60、90 百分位数。

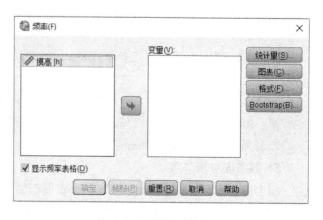

图 4.2 "频率"对话框

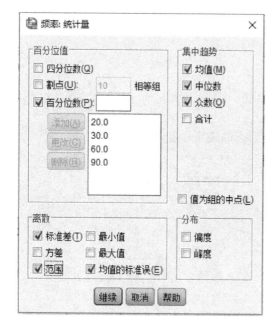

图 4.3 "频率"中"统计量"对话框

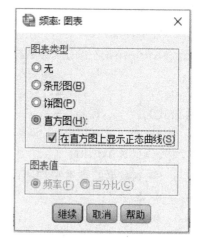

图 4.4 "频率"的"图表"对话框

另外,图 4.3 中还可根据需要选择"四分位数"。四分位数是将一组数据排序后,用 3 个点将全部数据分为四等份,3 个分割点相对应的数值称为四分位数,分别记为 $Q1$(第一四分位数)、$Q2$(第二四分位数)、$Q3$(第三四分位数)、$Q4$(第四四分位数)。

"割点"框中若填写"5"相等组,表示将 100 五等分,分别输出第 20、40、60、80 百分位数。

(4) 在图 4.2 中,点击"图表"标签,弹出"图表"对话框,如图 4.4 所示。"频率统计"除了计算一些统计量指标之外,还可以作图,当前变量 h 是连续型变量,因此,可选择作常见的"带正态曲线的直方图"。最后,点击"继续"按钮,回到图 4.2,点击"确定"即可。

通常,分类变量可以作"条形图",条形的高低代表频数的多少;"饼图"对变量类型没有限制,图中各块区域的面积代表各组频数的多少。

(5) 统计量结果如表 4.2 所示。有效样本 15 个,缺失样本为 0,均值为 3.11,均值标准误为 0.02,中位数是 3.12,众数是 3.03,标准差是 0.07,全距是 0.28,第 20、30、60、90 百分位数分别是 3.03、3.07、3.14、3.22。

表 4.2 "频率"描述统计量输出结果

有效样本含量	均值	均值标准误	中位数	众数	标准差	全距	第 20 百分位数	第 30 百分位数	第 60 百分位数	第 90 百分位数
15	3.11	0.02	3.12	3.03	0.07	0.28	3.03	3.07	3.14	3.22

（6）"频率统计"方法的特色之一是制作频率表格,它是对原始数据一般特征的描述,如表 4.3 所示。将摸高成绩按一定顺序排列分组,第 2 列"频率"显示每组中的人数,该原始数据成绩落在每组（每个区间）内的人数分布均匀;由第 5 列"累积百分比"可见,有 73.3% 的人成绩低于 3.16 m。

表 4.3 "摸高成绩"的"频率表格"结果

分组区间	频率	百分比	有效百分比	累积百分比
2.97	1	6.7	6.7	6.7
3.03	2	13.3	13.3	20.0
3.05	1	6.7	6.7	26.7
3.07	1	6.7	6.7	33.3
3.08	2	13.3	13.3	46.7
3.12	1	6.7	6.7	53.3
3.13	1	6.7	6.7	60.0
3.15	2	13.3	13.3	73.3
3.16	1	6.7	6.7	80.0
3.17	1	6.7	6.7	86.7
3.20	1	6.7	6.7	93.3
3.25	1	6.7	6.7	100.0
合计	15	100.0	100.0	

（7）根据上述频率表格制作的带正态曲线的直方图,如图 4.5 所示,更直观地显示了数据的分布情况。

4.2.2 描述性统计

描述性统计和频率统计类似,通过指标（统计量）对数据特征进行基本描述。其缺点是统计量不全面,如不能做百分位数等;另外,该命令的结果输出中没有图表。其优点是可以对数据进行标准 Z 分转换（见第 3 章极端值处理）。

【案例 4-10】 某校 20 名高中男生实心球成绩(m)如下：9.53,10.21,7.32,9.8,8,9.31,9.4,9.23,8.4,9.7,7.17,10.04,9.8,9.64,9.42,7.76,

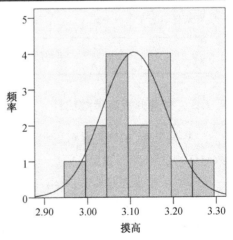

图 4.5 "频率"统计的直方图输出结果

9.47,7.7,7.65,9.86。计算其均值、标准差、标准误、全距。

本题要求的是一些简单基础指标，因此选择"描述性统计"方法即可。具体如下：

（1）设置变量score（实心球成绩），录入相应数据后，选择"分析"菜单→"描述统计"→"描述"命令，弹出"描述性"对话框，如图4.6所示。

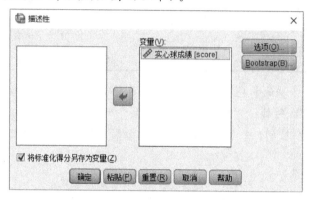

图4.6 "描述性"统计对话框

将左侧变量score（实心球成绩）选择进入右侧"变量"框，若需对其进行标准Z分转换，就选择左下角"将标准化得分另存为变量"（参照第3章极端值处理）。

（2）点击"选项"按钮，弹出"选项"对话框，按照题目要求选择相应统计量选项，如图4.7所示。单击"继续"按钮回到上一级主对话框，然后单击"确定"即可输出结果。

（3）"描述"统计不能作图，因此输出结果如表4.4所示。样本数和有效样本量均为20，均值是8.970 5，均值标准误为0.223 7，标准差是1.000 42，全距是3.04。

表4.4 "实心球成绩"的"描述"统计输出结果

有效样本含量	全距	均值	均值标准误	标准差
20	3.04	8.970 5	0.223 70	1.000 42

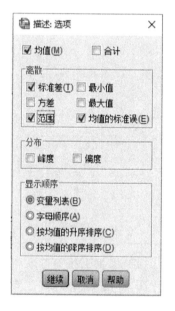

图4.7 "描述性"中"选项"对话框

4.2.3 探索分析与参数估计

"探索分析"的特点是可以根据实际采集的样本数据进行参数估计。常见的是估计参数总体均值的95%置信区间。

参数是指描述总体的指标。参数估计主要包括参数的点估计和区间估计。

点估计是用样本统计量来直接估计对应的总体参数，即直接使用样本均数估计总体均数等。如某市随机抽取500名18岁男生测其身高数据，计算得样本均值$\bar{x}=171.68$ cm。一般样本均数是总体均数的最佳估计量，所以点估计认为该市全部18岁男生的平均身高为171.68 cm。

点估计的优点是给出了总体均数的一个明确值，计算简单方便。但是没有考虑到抽样误差的影响,显然通过点估计无法判断其结果的可信程度。因此区间估计是较为科学的选择,根据抽样误差的规律,按一定概率(通常为95%)估计包含未知总体参数的可能范围,这个区间(范围)称为总体参数的可信(置信)区间。该区间的意义是包含总体参数,可信度为95%。

【案例 4-11】 已知80名中学生立定跳远的成绩(cm)如下,求其均值、标准差等统计量,并求全校中学生立定跳远成绩均值的95%置信区间。

259	210	208	212	231	235	217	249	205	212
215	234	233	209	217	200	214	222	205	210
237	189	222	256	214	228	210	208	238	196
226	214	202	217	216	232	210	203	194	230
208	239	181	235	234	205	215	228	217	231
200	231	214	202	232	227	219	210	208	231
226	246	239	222	226	215	207	220	218	194
213	225	233	204	203	210	206	201	205	244

(1) 设置变量a为立定跳远成绩,选择"分析"菜单→"描述"→"探索"命令,打开"探索"对话框,如图4.8所示。将左侧变量a(立定跳远成绩)选入右侧"因变量列表"框中,左下角选择输出方式为"两者都",结果类似"频率"统计,既有统计量,又有相应的图,如图4.8所示。

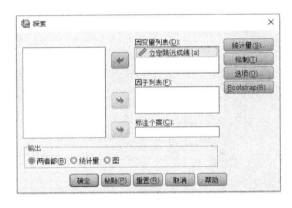

图 4.8 "探索"统计分析对话框

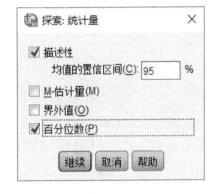

图 4.9 "探索:统计量"对话框

(2) 点击图4.8右侧"统计量"标签,弹出"探索:统计量"对话框,如图4.9所示。对话框中选择"百分位数""描述性—均值的95%置信区间",点击"继续"按钮回到上一级对话框。

(3) 点击图4.8中"绘制"标签,弹出"探索:图"对话框,如图4.10所示。

选择"箱图—按因子水平分组"及"直方图",点击"继续"按钮回到图4.8的主对话框,点击"确定"按钮即可输出结果。

(4) 对比前面两种方法,"探索"分析的统计量无法自由选择,选择"描述性—均值的95%置信区间"后,指标呈"套餐式"输出,如表4.5所示。除了一般的统计量指标外,总体均值的95%置信区间是(214.89,221.69)cm,表

图 4.10 "探索:图"对话框

示该区间包含全校中学生立定跳远成绩均值,可信度为95%。

表 4.5 "立定跳远成绩"的"探索"分析输出结果

均值	均值标准误	极大值	极小值	标准差	全距	均值的95%置信区间（下限）	均值的95%置信区间（上限）	偏度	峰度
218.29	1.709	259	181	0.07	78	214.89	221.69	0.32	−0.01

另外,在统计量求解中,表4.6是勾选"百分位数"的结果,亦无法自由定义百分位数的位置。

表 4.6 "立定跳远成绩"的"探索"分析"百分位数"表

第5百分位数	第10百分位数	第25百分位数	第50百分位数	第75百分位数	第90百分位数	第95百分位数
194.1	201.0	208.0	215.5	231.0	237.9	245.9

(5)"探索"分析的另一特色是作箱图,如图4.11所示,三条界线分别对应四分位数的三个界点,对照表4.6可知,$Q1 = P_{25} = 208 \text{ cm}$,$Q2 = P_{50} = 215.5 \text{ cm}$,$Q3 = P_{75} = 231 \text{ cm}$。

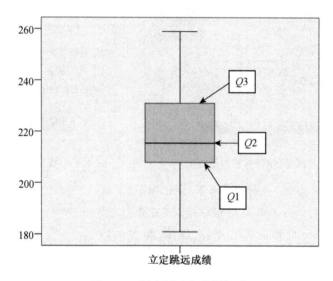

图 4.11 "探索"分析的"箱图"

综上所述,连续性变量的三种描述统计方法各有优缺点,在实际操作中应明确各自的特色,根据要求选择适当的方法。

5 分类变量的描述统计

第 4 章主要介绍对连续变量的描述性统计和参数估计,但在体育领域的实际工作中,很多变量是分类变量,特别是调查问卷中常出现多选题变量集,如何对这些变量进行基本描述统计是本章介绍的重点。

5.1 单个分类变量的描述统计

对比连续变量的描述统计而言,分类变量的描述统计相对简单,主要对每种分类取值分别进行频数和频率计算,即计算各自所占的比例。

【案例 5-1】 (单选)在过去 7 天里,您有多少天步行外出 10 分钟以上(例如:散步、锻炼、上班、遛狗等)?

(A) 没有(0 天) (B) 很少(1～2 天) (C) 时常(3～4 天) (D) 常常(5～7 天)

将该单选题设置成分类变量 Q2,如图 5.1 所示,并进行基本描述统计。

| Q2 | 数值(N) | 1 | 0 | 2.(单选)在过去7天里,您有多少天步行外出10分钟以上? | {1,(A)没有(0天)}... |

图 5.1 调查问卷中的单个分类变量

(1) 根据第 2 章调查问卷中变量设置的规则,在 SPSS 中将变量 Q2 的 4 个选项赋值。

(2) 选择"分析"菜单→"描述统计"→"频率"命令,弹出"频率"对话框。将左侧变量框中 Q2 变量选入右侧"变量"文本框,选择左下角"显示频率表格"选项,如图 5.2 所示。

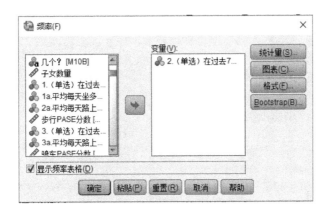

图 5.2 单个分类变量的"频率"对话框

(3) 在图 5.2 中,单击"确定"按钮,结果输出频率表格,如表 5.1 所示。

表 5.1 "Q2.步行"频率表格

	变量 Q2 的选项	频数	百分比	有效百分比	累积百分比
有效	(A) 没有(0 天)	125	2.9	3.0	3.0
	(B) 很少(1~2 天)	645	15.2	15.7	18.7
	(C) 时常(3~4 天)	1 286	30.3	31.2	49.9
	(D) 常常(5~7 天)	2 065	48.6	50.1	100.0
	合计	4 121	97.0	100.0	
缺失		127	3.0		
合计		4 248	100.0		

表 5.1 显示,第 3 列"频数"对该分类的每个取值的被选择次数进行了记录,其中选 A 的有 125 人次,选 B 的有 645 人次,依次类推。去除缺失的 127 个样本数据,该分类变量每个取值所占的比例称为有效百分比,如选项 C 的有效百分比是 31.2%。

本案例说明,单个分类变量可延续连续性变量中的"频率"统计,通过频率表进行基本的描述统计。

5.2 多个分类变量的联合描述统计

在实际工作中,不仅对单个分类变量进行统计,通常更注重多个分类变量的联合描述,比如在案例 5-1 的基础上,考虑不同性别的人步行情况,这就需要考虑两个分类变量之间的交叉描述。构成比是多个分类变量联合描述统计的重要指标。

构成比是指事物内部各构成部分所占的比例,比例基数是 100% 或 1。SPSS 中的交叉表可以计算行百分比、列百分比及合计百分比,实现联合描述。

【案例 5-2】 以案例 5-1 中的原始数据为例,研究变量性别和变量 Q2 的交叉频数分布以及百分比情况。

(1) 选择"分析"菜单→"描述统计"→"交叉表"命令,打开"交叉表"对话框,如图 5.3 所示。选择左侧变量"性别"进入右侧"行"文本框,选择变量"步行"Q2 进入右侧"列"文本框。

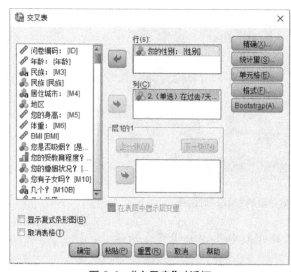

图 5.3 "交叉表"对话框

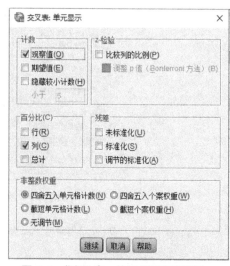

图 5.4 "交叉表:单元显示"对话框

(2) 点击图 5.3 中右侧"单元格"标签,进入"单元显示"对话框,如图 5.4 所示。"计数"中选择"观察值";"百分比"中选择"列",即计算列构成比;"非整数权重"中选择"四舍五入单元格计数"。点击"继续"按钮回到图 5.3 主对话框,单击"确定"按钮即可。

(3) 交叉描述统计结果如表 5.2 所示。

表 5.2　性别 * 步行交叉表

性别	统计量	2.(单选)在过去 7 天里,您有多少天步行外出 10 分钟以上?				合计
		(A) 没有 (0 天)	(B) 很少 (1~2 天)	(C) 时常 (3~4 天)	(D) 常常 (5~7 天)	
男	计数	48	262	520	850	1 680
	选项百分比	41.0%	41.1%	41.2%	41.9%	41.5%
女	计数	69	376	743	1 178	2 366
	选项百分比	59.0%	58.9%	58.8%	58.1%	58.5%
合计	计数	117	638	1 263	2 028	4 046
	选项百分比	100.0%	100.0%	100.0%	100.0%	100.0%

表 5.2 显示了性别和步行情况的交叉分布。从纵向的数据可见,相同的一周步行频数(天数)情况,女性所占比例均明显高于男性,如第 3 列数据显示,共有 117 人选择 A 选项,其中男性占 41%,女性占 59%。

(4) 另外,可以将图 5.3 中的两个变量行列交换做交叉表,如图 5.5 所示。将"性别"选入右侧的列变量文本框,变量 Q2 选入右侧的行变量文本框,后续操作同上。结果如表 5.3 所示。

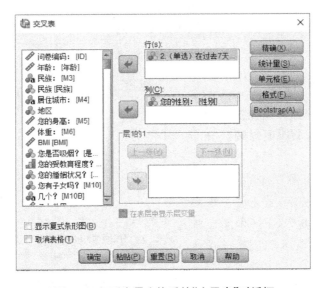

图 5.5　行列变量交换后的"交叉表"对话框

表 5.3　步行＊性别交叉表

变量 Q2 的不同选项		统计量	性别		合计
			男	女	
2.（单选）在过去7 天里，您有多少天步行外出 10 分钟以上？	(A) 没有(0 天)	计数	48	69	117
		相同性别中选项(A)的百分比	2.9%	2.9%	2.9%
	(B) 很少(1～2 天)	计数	262	376	638
		相同性别中选项(B)的百分比	15.6%	15.9%	15.8%
	(C) 时常(3～4 天)	计数	520	743	1 263
		相同性别中选项(C)的百分比	31.0%	31.4%	31.2%
	(D) 常常(5～7 天)	计数	850	1 178	2 028
		相同性别中选项(D)的百分比	50.6%	49.8%	50.1%
合计		计数	1 680	2 366	4 046
		百分比	100.0%	100.0%	100.0%

表 5.3 显示，共有 1 680 名男性，2 366 名女性。在所有男性中，2.9%的男性选择"0 天"步行，15.6%的男性选择"1～2 天"步行，31%的男性选择"3～4 天"步行，50.6%的男性选择"5～7 天"步行。同理可见对于女性而言，一周内步行 10 分钟以上的比例亦随着天数的增加而增加。

5.3　多选题的描述统计

多选题是体育领域调查问卷中常见的题型，在第 2 章中已讲解了多选题的录入方式及定义多选题多重响应集（见 2.2 节内容），对于图 2.16 中的多选题所收集的数据也是分类数据，因此，本节重点介绍分类多选题的描述统计。

多选题一般通过二分法设置多个变量进行记录，当然可以对每个选项（变量）的选择情况进行频数统计，但结果比较片面，这些选项（变量）是个整体，割裂开来理解会导致不全面的分析结果。

5.3.1　多选题的频数列表

多选题的描述统计可以模仿单个分类变量，整体输出各个选项的频数分布情况。

【案例 5-3】　以图 2.16 中的多选题为例，如图 2.19 所示，首先将其设定为一个多选题变量集 $C18（体育锻炼效果），接着对变量集 $C18 进行描述统计。

（1）打开"分析"菜单→"多重响应"→"频率"命令，如图 5.6 所示。将左

图 5.6　多选题变量集的"多响应频率"对话框

侧"多响应集"框中的变量集$C18选择进入右侧"表格"框,点击"确定"即可对整体做频率统计。

图5.6对话框比较简单,没有多余选项干扰。下方"缺失值"框用于处理缺失值。两个复选框分别针对多重二分法和多重分类法两种多选题的编码方式,因体育领域多选题通常选用"多重二分法",故若有缺失值一般选择第一个复选框进行处理。

(2) 表5.4是结果数据的基本信息。在所有被调查的4 248人中,有3 934人选择了该多选题的至少一个选项。随后对这3 934人的情况进行具体分析,如表5.5所示。

表5.4 个案摘要

有效		缺失		总计	
样本含量	百分比	样本含量	百分比	样本含量	百分比
3 934	92.6%	314	7.4%	4 248	100%

表5.5 多选题变量集$C18频率

多选题变量集$C18的选项		响应		个案百分比
		N	百分比	
体育锻炼效果[a]	(1) 减轻甚至消除病患	1 033	16.0%	26.3%
	(2) 预防疾病	2 479	38.3%	63.0%
	(3) 强健体魄	2 723	42.1%	69.2%
	(4) 没有作用	108	1.7%	2.7%
	(5) 其他	122	1.9%	3.1%
	总计	6 465	100.0%	164.3%

表5.5所含信息如下:

① 在6 465个有效回答中,体育锻炼效果的各个选项一共被选择了6 465次,其中"减轻甚至消除病患"1 033次,"预防疾病"2 479次,"强健体魄"2 723次,"没有作用"108次,"其他"122次。

② "响应百分比"指各个选项被选中的次数与总选择次数之比,即应答人次百分比。如2 479人次选择了"预防疾病"这个选项,占总选择次数的比例是2 479/6 465=38.3%。

③ "个案百分比"指选择某一项的人数与总人数之比,即应答人数百分比。仍以"预防疾病"选项为例,选择该项的2 479个人占总应答人数的比例为2 479/3 934=63.0%。

5.3.2 多选题的交叉列表分析

上面给出了多选题的频数表分析,若希望进一步对不同的人群或不同区域进行描述,即多选变量集和其他分类变量进行交叉分析。

【案例 5-4】 在案例 5-3 的基础上,进一步考察不同性别对"体育锻炼效果"的认识情况,这需要用多响应交叉表来进行分析。具体步骤如下:

(1) 打开"分析"菜单→"多重响应"→"交叉表"命令。打开"多响应交叉表"对话框,如图 5.7 所示。将左侧变量框中的多变量集 \$C18 选择进入右侧的"列"文本框,将左侧变量框中的"性别"选择进入右侧的"行"文本框。

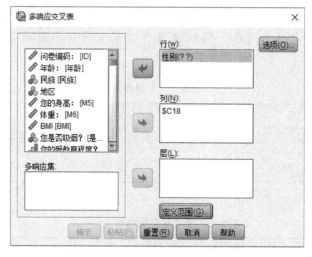

图 5.7 "多响应交叉表"对话框

(2) 此时,"性别"后出现"?",因为该变量虽为分类变量,但在变量属性设置时被赋值了,即"男=1""女=2"。故点击下方的"定义范围"按钮,弹出子对话框"多响应交叉表:范围",如图 5.8 所示,为该分类变量设置取值范围。在"最小值"文本框中输入"1",在"最大值"文本框中输入"2"。点击"继续"按钮,回到图 5.7 的主对话框。

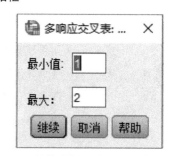

图 5.8 "多响应交叉表:范围"对话框

(3) 在图 5.7 主对话框中,点击右侧"选项"按钮,弹出下一级"选项"对话框,如图 5.9 所示。"单元格百分比"区域中选择"行",表示结果输出"行百分比";"百分比基于"区域中选择"个案",表示交叉表中的构成比计算是基于应答人数,"响应"表示基于应答次数计算比例。"缺失值"选择参考上一节"多响应频率"对话框设置。点击"继续"按钮,回到图 5.7 主对话框,点击"确定"按钮即可。

图 5.9 "多响应交叉表:选项"对话框

(4) 性别 * \$C18 的交叉分析结果,如表 5.6 所示。可见,除了选项"(3)强健体魄"女性的比例略低于男性外,其他选项女性选择的比例均高于男性。

表 5.6 性别 * $C18 的交叉表

性别	统计量	体育锻炼效果					总计
		(1)减轻甚至消除病患	(2)预防疾病	(3)强健体魄	(4)没有作用	(5)其他	
男	计数	405	1 005	1 111	42	44	1 595
	男性中各选项的百分比	25.4%	63.0%	69.7%	2.6%	2.8%	
女	计数	613	1 435	1 566	66	74	2 274
	女性中各选项的百分比	27.0%	63.1%	68.9%	2.9%	3.3%	
总计	计数	1 018	2 440	2 677	108	118	3 869

(5) 同样操作可考察地区 * $C18 的交叉效果,如表 5.7 所示。地区"1"表示"经济欠发达地区",地区"2"表示经济发达地区。显然,经济发达地区的人群对体育锻炼效果的认同度高于经济欠发达地区。

表 5.7 地区 * $C18 的交叉表

地区	统计量	体育锻炼效果					总计
		(1)减轻甚至消除病患	(2)预防疾病	(3)强健体魄	(4)没有作用	(5)其他	
1	计数	675	1 583	1 745	79	95	2 619
	地区 1 各选项百分比	25.8%	60.4%	66.6%	3.0%	3.6%	
2	计数	352	881	968	28	27	1 298
	地区 2 各选项百分比	27.1%	67.9%	74.6%	2.2%	2.1%	
总计	计数	1 027	2 464	2 713	107	122	3 917

6 统 计 表

学习前面几章之后，大家能对各种类型的数据进行基本的描述统计了，SPSS 软件包提供了一些基本的制作统计报表的功能，能够帮助读者高效、快捷地自动用表格呈现相应的指标。根据不同的数据类型，下面介绍几种常用的报表制作方法。

6.1 OLAP Cubes（在线分析处理）

OLAP Cubes 指用快速简单的方式提供对变量的动态描述和分析。它通常在给定的范围内对一个或多个连续变量做描述分析，在表中展示一些常用的描述统计量，其优点是生成多层表，对不同分层不同水平的组合进行描述统计。

【案例 6-1】 抽取各城市青少年的体检表，对身高（sg）、体重（tz）、BMI 指数关于性别（xb）、城市（cs）做在线分析。原始数据如图 6.1 所示，其中 1 表示男生，2 表示女生。变量 cs 的赋值分别为"1＝北京""2＝上海""3＝成都""4＝广州"。

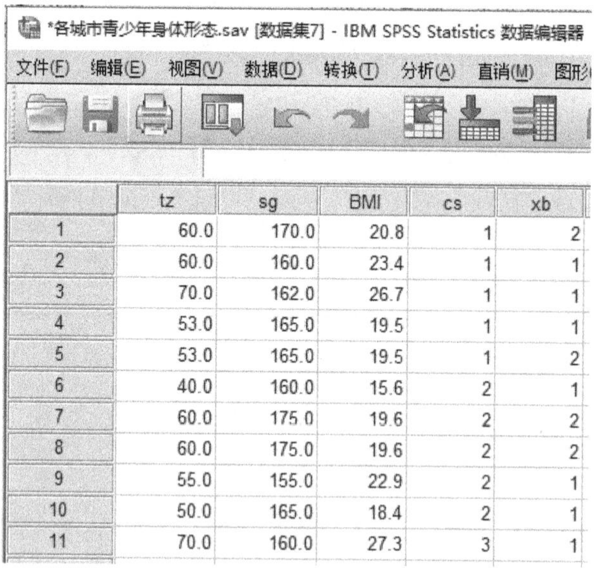

	tz	sg	BMI	cs	xb
1	60.0	170.0	20.8	1	2
2	60.0	160.0	23.4	1	1
3	70.0	162.0	26.7	1	1
4	53.0	165.0	19.5	1	1
5	53.0	165.0	19.5	1	2
6	40.0	160.0	15.6	2	1
7	60.0	175.0	19.6	2	2
8	60.0	175.0	19.6	2	2
9	55.0	155.0	22.9	2	1
10	50.0	165.0	18.4	2	1
11	70.0	160.0	27.3	3	1

图 6.1 各城市青少年身体形态数据

（1）在 SPSS 中定义上述 5 个变量并录入相应数据。

（2）打开"分析"菜单→"报告"→"OLAP 立方"命令，弹出对话框，如图 6.2 所示。将左侧变量框内的变量 sg、tz、BMI 都选择进入右侧"摘要变量"框。将变量 cs、xb 选择进入右侧"分组变量"框。

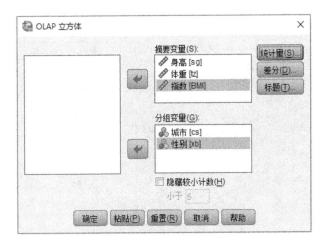

图 6.2 "OLAP 立方体"对话框

(3) 点击图 6.2 中右侧"统计量"标签,弹出下一级对话框,如图 6.3 所示。在左侧"统计量"文本框中选取常用指标进入右侧"单元格统计量"文本框中,如均值、标准差、中位数、范围。点击"继续"按钮,回到图 6.2 主对话框。

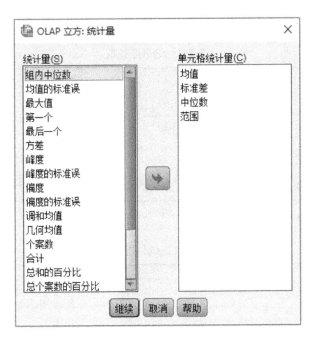

图 6.3 "OLAP 立方:统计量"对话框

(4) 点击图 6.2 中右侧"差分"标签,打开"差分"对话框,如图 6.4 所示。在"摘要统计量的差值"区域内选择"无",在"差值类型"区域中选择"百分比差值"。点击"继续"按钮,回到图 6.2 主对话框。

(5) 点击图 6.2 中右侧标签"标题",弹出"标题"对话框,如图 6.5 所示。在"标题"文本框中输入主题"身体形态分析"。点击"继续"按钮回到图 6.2 主对话框,点击

"确定"按钮即可。

图6.4 "OLAP立方：差分"对话框

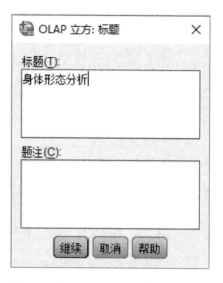

图6.5 "OLAP立方：标题"对话框

(6) 结果分析。

① 表6.1 显示的是记录汇总。在20条记录中，没有缺失值。

表6.1 记录汇总表

交叉变量	有效		缺失		总计	
	N	百分比	N	百分比	N	百分比
身高*城市*性别	20	100.0%	0	0.0%	20	100.0%
体重*城市*性别	20	100.0%	0	0.0%	20	100.0%
BMI指数*城市*性别	20	100.0%	0	0.0%	20	100.0%

② 表6.2为在线分析结果。

表6.2 在线分析结果

身体形态指标	均值	标准差	中位数	全距
身高	166.45	7.57	165.00	25.0
体重	58.25	10.98	60.00	38.0
BMI指数	21.09	4.23	19.59	14.8

表6.2的分析结果显示，平均身高为166.45 cm，平均体重为58.25 kg，平均BMI指数为21.09。身高的中位数和全距分别为165.00 cm、25 cm，体重的中位数和全距分别为60.0 kg、38.0 kg，BMI指数的中位数和全距分别为19.59、14.8。

③ 图6.6是身体形态分析图，在"性别"下拉框中选择"男"，则显示男生的统计量。同理，在"城市"下拉框中选择"上海"，则显示"上海"区域的统计量，如图6.7所示。

身体形态分析				
城市 总计				
性别 男				
	均值	标准差	中值	全距
体重	58.769	11.0314	60.000	36.0
身高	165.692	7.5098	165.000	25.0
指数	21.450	4.0972	21.224	11.7

图 6.6　选择"性别"

身体形态分析				
城市 上海				
性别 总计				
	均值	标准差	中值	全距
体重	53.000	8.3666	55.000	20.0
身高	166.000	8.9443	165.000	20.0
指数	19.213	2.6182	19.592	7.3

图 6.7　选择"城市"

6.2　个案汇总

个案汇总的研究对象是定量资料,对数据进行分组交叉组合分析,形成相应统计量记录列表。

【案例 6-2】　以案例 6-1 的数据为例,进行"个案汇总"分析。步骤如下:

(1) 打开"分析"菜单→"报告"→"个案汇总"命令。弹出"摘要个案"对话框,如图 6.8 所示。将左侧变量列表框中的变量"体重""身高""BMI 指数"选择进入右侧"变量"文本框,将变量"城市""性别"选择进入"分组变量"文本框。选择"显示个案""仅显示有效个案";选择"将个案限制到前"并填写"100",填写的数值根据具体样本量自行调整。

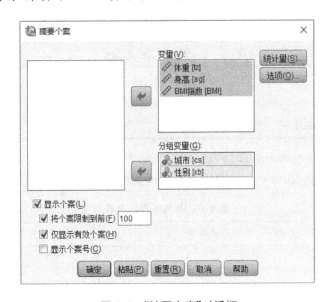

图 6.8　"摘要个案"对话框

(2) 点击图 6.8 中右侧"统计量"标签,弹出"统计量"对话框,如图 6.9 所示。
在图 6.9 中,左侧"统计量"列表框中列出了大部分常用统计量,选择统计量"个案数""均值""中位数""最小值"和"最大值"进入右侧"单元格统计量"文本框。点击"继续"按钮,回到图 6.8 主对话框。

(3) 在图 6.8 中选择右侧"选项"标签。打开下一级"选项"对话框,如图 6.10 所示。在"标题"文本框中输入"身体形态"个案汇总,选择"总计副标题"。点击"继续"按钮回到图 6.8 主对话框,单击"确定"按钮即可。

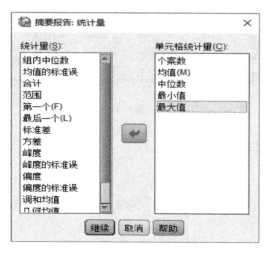
图 6.9 "摘要报告:统计量"对话框

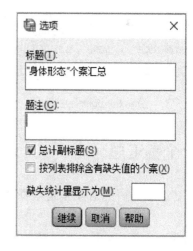
图 6.10 "选项"对话框

(4) 结果分析。

① 表 6.3 是样本含量情况汇总。

表 6.3 记录汇总输出结果

交叉变量	有效		缺失		总计	
	样本含量	百分比	样本含量	百分比	样本含量	百分比
体重 * 城市 * 性别	20	100.0%	0	0.0%	20	100.0%
身高 * 城市 * 性别	20	100.0%	0	0.0%	20	100.0%
BMI 指数 * 城市 * 性别	20	100.0%	0	0.0%	20	100.0%

② 表 6.4 是身体形态个案汇总表。按所在城市和性别列出身高、体重和 BMI 指数等身体形态等均值、中位数、极小值和极大值。表格最后面列出了所有人的这些统计量。

表 6.4 身体形态汇总表

城市	性别	序号	统计量	体重	身高	BMI 指数
北京	男	1		60.0	160.0	23.4
		2		70.0	162.0	26.7
		3		53.0	165.0	19.5
		总计	N	3	3	3
			均值	61.000	162.333	23.193
			中位数	60.000	162.000	23.438
			极小值	53.0	160.0	19.5
			极大值	70.0	165.0	26.7

(续表)

城市	性别	序号	统计量	体重	身高	BMI指数
北京	女	1		60.0	170.0	20.8
		2		53.0	165.0	19.5
		总计	N	2	2	2
			均值	56.500	167.500	20.114
			中位数	56.500	167.500	20.114
			极小值	53.0	165.0	19.5
			极大值	60.0	170.0	20.8
	总计		N	5	5	5
			均值	59.200	164.400	21.961
			中位数	60.000	165.000	20.761
			极小值	53.0	160.0	19.5
			极大值	70.0	170.0	26.7
上海	男	1		40.0	160.0	15.6
		2		55.0	155.0	22.9
		3		50.0	165.0	18.4
		总计	N	3	3	3
			均值	48.333	160.000	18.961
			中位数	50.000	160.000	18.365
			极小值	40.0	155.0	15.6
			极大值	55.0	165.0	22.9
	女	1		60.0	175.0	19.6
		2		60.0	175.0	19.6
		总计	N	2	2	2
			均值	60.000	175.000	19.592
			中位数	60.000	175.000	19.592
			极小值	60.0	175.0	19.6
			极大值	60.0	175.0	19.6
	总计		N	5	5	5
			均值	53.000	166.000	19.213
			中位数	55.000	165.000	19.592
			极小值	40.0	155.0	15.6
			极大值	60.0	175.0	22.9

(续表)

城市	性别	序号	统计量	体重	身高	BMI指数
成都	男	1		70.0	160.0	27.3
		2		65.0	175.0	21.2
		3		50.0	175.0	16.3
		总计	N	3	3	3
			均值	61.667	170.000	21.632
			中位数	65.000	175.000	21.224
			极小值	50.0	160.0	16.3
			极大值	70.0	175.0	27.3
	女	1		78.0	160.0	30.5
		2		40.0	155.0	16.6
		总计	N	2	2	2
			均值	59.000	157.500	23.559
			中位数	59.000	157.500	23.559
			极小值	40.0	155.0	16.6
			极大值	78.0	160.0	30.5
	总计		N	5	5	5
			均值	60.600	165.000	22.403
			中位数	65.000	160.000	21.224
			极小值	40.0	155.0	16.3
			极大值	78.0	175.0	30.5
广州	男	1		60.0	180.0	18.5
		2		45.0	160.0	17.6
		3		70.0	165.0	25.7
		4		76.0	172.0	25.7
		总计	N	4	4	4
			均值	62.750	169.250	21.874
			中位数	65.000	168.500	22.104
			极小值	45.0	160.0	17.6
			极大值	76.0	180.0	25.7

(续表)

城市	性别	序号	统计量	体重	身高	BMI 指数
广州	女	1		50.0	175.0	16.3
		总计	N	1	1	1
			均值	50.000	175.000	16.327
			中位数	50.000	175.000	16.327
			极小值	50.0	175.0	16.3
			极大值	50.0	175.0	16.3
	总计		N	5	5	5
			均值	60.200	170.400	20.765
			中位数	60.000	172.000	18.519
			极小值	45.0	160.0	16.3
			极大值	76.0	180.0	25.7
总计			N	20	20	20
			均值	58.250	166.450	21.086
			中位数	60.000	165.000	19.592
			极小值	40.0	155.0	15.6
			极大值	78.0	180.0	30.5

6.3 分类变量制表

前面两种统计报表的方法通常用于连续变量,但调查问卷中很多是分类变量,即 SPSS 中的名义变量和定序变量。一般对于分类变量,频数和构成比是常用的统计量指标。如将百分比和计算方向结合,形成行百分比、列百分比等。

【案例 6-3】 "某市学生体质调查问卷"中的有关问题如下:你在体育课上进行体育锻炼时,经常会感觉到:(1)不出汗、很轻松;(2)出汗、有点累;(3)出汗、比较累;(4)大汗淋漓、很累。试制表分析。

(1) 针对该问卷问题,在 SPSS 中设置分类变量"体育课感觉",并将四个选项依次赋值。

(2) 打开"分析"菜单→"表"→"设定表"命令。弹出"设定表格"提示框,如图 6.11 所示,点击"确定"按钮,弹出"设定表格"报表生成器的操作界面,如图 6.12 所示。

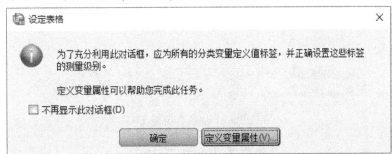

图 6.11 "设定表格"提示框

(3) 首先，点击图 6.12 左上角的"表格"选项卡，在此对常用报表结构进行定义。图 6.12 右侧大片空白区域为"画布"，通常点击画布上方的标签"普通"，即调整为正常视图。制表时将左侧相应的变量拖放到相应的位置，即可搭建自定义的表格结构。

(4) 在图 6.12"设定表格"报表生成器左侧变量列表框中，选择变量"体育课感觉"，按住鼠标左键拖动该变量进入画布，当鼠标接近"行"区域时，鼠标的图标变成手形，此时松开鼠标左键，变量"体育课感觉"即被放置在画布的"行"区域中，相应的变量值标签和赋值

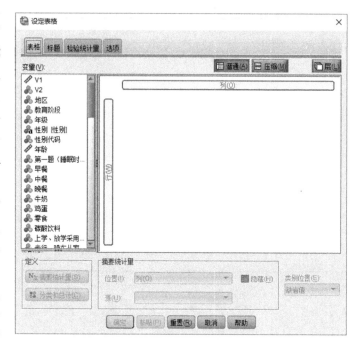

图 6.12 "设定表格"报表生成器

标签也显示出来。同理，拖放变量"性别"进入画布的"列"区域，表格基本结构形成，如图 6.13 所示。默认显示统计量"计数"，后续在"摘要统计量"子对话框中进行调整。右下角

图 6.13 设定"行"和"列"

"类别位置"选择"缺省值"。左下角"定义"区域的按钮组主要用于选择并设置不同统计量指标、设定汇总方式。下方中间"摘要统计量"区域用于设定统计量的排列方向、变量标签的显示方向。

(5) 设置"性别"的摘要统计量。步骤如下：

① 在图 6.13 中，选择列标题"性别"变灰色，下方"摘要统计量"中选择"列"位置，"源"选择"列变量"。

② 点击左下角"定义"区域中的"摘要统计量"，弹出下一级"摘要统计量"子对话框，如图 6.14 所示。

③ 在图 6.14 中将左侧统计量框中的"列 N％"和"行 N％"选择进入右侧"显示"框，且"格式"设置为"nnnn.n"，保留一位小数。点击"应用选择"按钮回到图 6.13 主对话框。

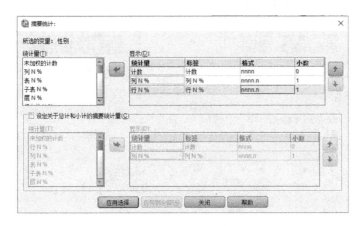

图 6.14　"摘要统计"对话框

(6) 在图 6.13 中选择行标题"体育课感觉"变灰色，点击"分类和总计"按钮，弹出"分类和总计"子对话框，如图 6.15 所示，选择图中相应的选项。

图 6.15　"分类和总计"对话框

① 选中图 6.15 中"值 1"使其相应标签呈黄色,点击"添加小计"按钮,弹出"定义小计"对话框,输入"感觉轻松",如图 6.16 所示。

② 同理,选中"值 2"后,添加小计"感觉累",如图 6.17 所示。单击"继续"按钮回到图 6.15 主对话框,点击"应用"按钮,结果如图 6.18 所示,即表示已经把"体育课感觉"的四个选项大致分为两大类进行汇总。

图 6.16　添加"感觉轻松"小计

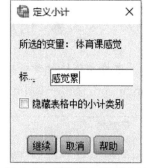

图 6.17　添加"感觉累"小计

图 6.18　添加小计的"分类和总计"对话框

(7) 结果输出。

表 6.5　"体育课感觉"按性别汇总的报表结果

体育课感觉	男			女		
	计数	列 N%	行 N%	计数	列 N%	行 N%
感觉轻松	1 092	11.3	50.4	1 076	11.6	49.6
不出汗、很轻松	1 092	11.3	50.4	1 076	11.6	49.6
感觉累	8 480	88.7	51.0	8 166	88.4	49.0
出汗、有点累	5 606	58.6	48.5	5 969	64.6	51.5
出汗、比较累	2 178	22.8	54.4	1 840	19.9	45.6
大汗淋漓、很累	696	7.3	66.2	357	3.9	33.8

表 6.12 中"列 N%"数据显示,男生中有 11.3%的人感觉轻松,88.7%的人感觉累,其中 58.6%的人感觉有点累,22.8%的人感觉比较累,7.3%的人感觉很累;女生中有11.6%的人感觉轻松,88.4%的人感觉累,其中 64.6%的人感觉有点累,19.9%的人感觉比较累,3.9%的人感觉很累。

"行 N%"数据显示,选择选项 1"不出汗、很轻松"的所有人中,男生占比为50.4%,女生占比为 49.6%;选择选项 2"出汗、有点累"的所有人中,男生占比为48.5%,女生占比为 51.5%;选择选项 3"出汗、比较累"的所有人中,男生占比为54.4%,女生占比为 45.6%;选择选项 4"大汗淋漓、很累"的所有人中,男生占比为 66.2%,女生占比为 33.8%。

6.4 多选题的统计报表制作

【案例 6-4】 (多选题)在过去的 7 天里,您从事过以下中等强度的运动吗?(从事的内容请打勾)

□健身操　□太极　□保龄球
□乒乓球　□柔力球　□菜园劳作
□小区健身器械　□空竹、陀螺
□踢毽　□高尔夫球　□气功
□武术　□门球　□羽毛球

试对上述多选题制作统计报表。

(1) 首先,按照多项选择题的变量设置方式,在 SPSS 中将每个选项设置为独立的二分类名义变量。

(2) 定义"多变量集"。打开"分析"菜单→"表"→"多响应集"命令,弹出"定义多重响应集"对话框,如图 6.19 所示。

图 6.19 "定义多重响应集"对话框

① 在图 6.19 中,将 14 个分选项变量从左侧"设置定义"框中选择进入右侧"集合中的变量"框。

② "变量编码"选择"二分法"并填写"计数值"为"1"。

③ "集名称"文本框中输入 C8,"集标签"文本框中输入"中等强度运动"。

④ 点击右侧"添加"按钮,生成多响应集 \$C8,如图 6.20 所示。

(3) 打开"分析"菜单→"表"→"设定表"命令,弹出"设定表格"对话框,如图 6.21 所示。具体步骤如下:

① 在图 6.21 中选择"表格"标签,在左侧"变量"文本框中选择多响应变量集 \$C8(中等强度运动),并拖动进入"行"区域中。

图 6.20 生成多响应集 $C8

② 选择左侧"变量"框中的"性别"变量并拖动进入"列"区域中。
③ 选中行区域,正下方"摘要统计量"区域的"位置"选择"列","源"选择"行变量"。

图 6.21 设置"多响应集"表格对话框

(4) 选择图 6.21 中画布上变量集 $C8,单击左下方的"摘要统计量"按钮,弹出子对话框,如图 6.22 所示。

① 在图 6.22 中右侧"显示"列表中删除"计数",选入"行 N％"和"列响应％"统计量,设定其格式为"nnnn.n％",保留一位小数。

② 点击"应用选择"按钮,回到图 6.21 的主对话框。点击"确定"按钮,结果如图 6.23 所示。

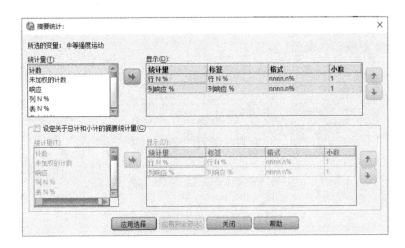

图 6.22 设置变量集"摘要统计"对话框

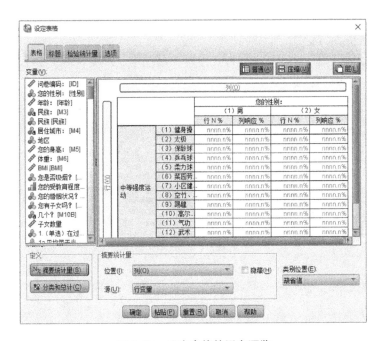

图 6.23 设定表格的画布预览

(5) 在图 6.23 中,设置"检验统计量""选项"选项卡。如图 6.24、图 6.25 所示。
(6) 结果输出。

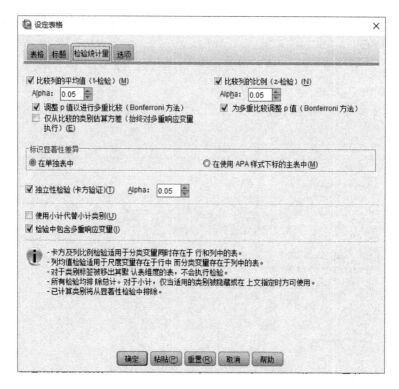

图 6.24 "检验统计量"选项卡设置

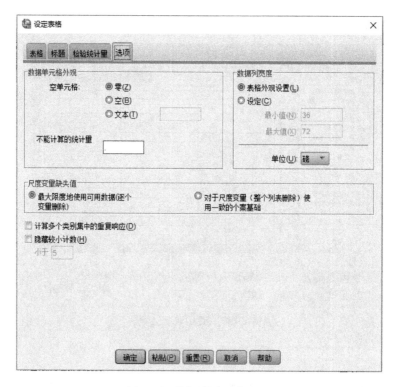

图 6.25 "选项"选项卡设置

表6.6 多重响应变量集的汇总报表

中等强度运动	男		女	
	行N%	列响应%	行N%	列响应%
(1) 健身操	27.4%	14.3%	72.6%	24.9%
(2) 太极	42.2%	18.1%	57.8%	16.2%
(3) 保龄球	51.1%	1.6%	48.9%	1.0%
(4) 乒乓球	49.8%	8.9%	50.2%	5.9%
(5) 柔力球	30.1%	1.7%	69.9%	2.6%
(6) 菜园劳作	40.7%	17.3%	59.3%	16.6%
(7) 小区健身器械	42.6%	20.1%	57.4%	17.7%
(8) 空竹、陀螺	56.7%	2.3%	43.3%	1.2%
(9) 踢毽	24.1%	1.4%	75.9%	2.8%
(10) 高尔夫球	63.0%	1.2%	37.0%	0.4%
(11) 气功	39.4%	2.8%	60.6%	2.8%
(12) 武术	52.7%	2.0%	47.3%	1.2%
(13) 门球	51.8%	3.9%	48.2%	2.4%
(14) 羽毛球	40.1%	4.4%	59.9%	4.3%

表6.6显示,根据"行N%"数据可见,选择"健身操"运动的人群中,男性占27.4%,女性占72.6%。根据"列响应%"数据可见,男性进行中等强度运动时,首选"小区健身器械",其次是"太极"和"菜园劳作";女性选择比例较高的前三项中等强度运动分别是"健身操""小区健身器械"和"菜园劳作"。

7 T 检验

前面几章主要对数据进行描述性统计,由样本统计量推断总体参数是统计学中另一类重要方法——推断性统计。SPSS 中的"探索分析"所得的参数置信区间是推断统计中的参数估计方法。本章介绍另外一种重要的推断统计方法——假设检验,即先对推断的总体参数进行某种假设,再通过样本统计量去验证该假设是否成立,也称为显著性检验。对于连续变量,T 检验是常用的假设检验方法,主要用于在统计数据时进行组与组之间平均水平的对比研究。使用的前提条件是:两组数据都分别服从正态分布或近似正态分布,并且要求两组数据方差具有同质性。如果两组方差不齐,就要进行校正。在 SPSS 中,常用的 T 检验方法有单样本 T 检验、配对样本 T 检验、独立样本 T 检验和率的假设检验。

7.1 假设检验概述

7.1.1 统计假设

统计假设是关于总体参数或总体分布形式的一种假定性判断。

参数假设:对总体参数所做的假设。

非参数假设:对总体分布形式所做的假设。

7.1.2 假设检验

统计假设根据样本提供的信息对所做的统计假设进行检验,从而做出接受或否定统计假设的判断的统计方法称为假设检验。

参数检验:对参数假设进行的检验。

非参数检验:对非参数假设进行的检验。

7.1.3 假设检验的基本思想

1) 问题提出

为研究参加体育锻炼是否会引起安静时心率的变化,在某体院大四学生中随机抽取了 36 名男生,测得安静时平均心率 $\bar{x}=68.6$ 次/分,标准差 $s=6.4$。已知一般正常成年男子平均心率 $\bar{x}=72$ 次/分,试检验体院男生与一般正常成年男子安静时平均心率差异有无显著性意义?

上述两个平均数之差为:72−68.6=3.4 次/分。但是否就能说明两个总体的安静心率差异有显著性呢?产生差异有两种可能原因:(1)可能主要是由抽样误差造成的,由抽样而引起的样本与总体、样本与样本之间的差异称作抽样误差;(2)可能主要是由条件误差造成的,由实验条件的不同或施加处理的不同而引起的差异称作条件误差。若差异主要由条件误差产生,则差异具有统计学意义,或称差异具有显著性。假设检验法就是用来确定差异的主要来源的统计方法。

2) 小概率原理及实际推理方法

(1) 小概率事件:如果在某次试验或观测中,某事件出现的概率很小,这样的事件叫小概率事件。通常我们把 $P \leqslant 0.05$ 的事件叫小概率事件。

(2) 小概率原理:小概率事件在一次试验或观测中几乎是不可能发生的。在某种假设的条件下,某一事件是小概率事件。如果在一次试验或观测中,小概率事件恰好发生了,则我们有理由认为所做的假设是不成立的,从而否定原来的假设。

(3) 实际推理方法(反证法):提出一个假设(H_0);验证这个假设。

如果假设成立,会得到两种可能的情况:第一,得到现在的结果可能性很小,是个小概率事件($P \leqslant 0.05$),否定所做假设,拒绝 H_0;第二,有可能得到现在的结果(不是小概率,$P > 0.05$),没有理由拒绝 H_0,便应该接受所提出的假设。

3) 应用实际推理方法进行假设检验

(1) 提出假设

$H_0: \mu_0 = 72$ 次/分;$H_1: \mu_1 < 72$ 次/分

H_0:原假设(零假设),假设检验的基础假设,我们以后做的所有判断都是在认为它成立的前提下得到的。

本案例原假设的含义:认为经常参加体育锻炼对安静时的脉搏没有影响。

H_1:对立假设(备择假设)。若原假设 H_0 被否决则该假设成立。

注意:假设存在单双侧问题,本案例中双侧检验为 $H_1: \mu_1 \neq 72$ 次/分。根据专业知识可知,经常参加体育锻炼的成年男子的脉搏均数通常低于一般人的脉搏均数,所以用单侧检验 $H_1: \mu_1 < 72$ 次/分。单侧检验用于从专业知识方面认为某总体均数不可能大于或小于另一总体均数,或者研究者只关心总体均数是否大于或小于另一总体均数。

(2) 构造统计量

$$t = \frac{\bar{x} - \mu}{s_{\bar{x}}}$$

式中:$\bar{x}$——样本算术平均值;

μ——总体算术平均值;

$s_{\bar{x}}$——样本均值的标准误。

(3) 确定临界值

检验水准用 α 表示,它确定了小概率事件的标准。在实际工作中一般取 $\alpha = 0.05$,本案例中检验水准 $\alpha = 0.05$。根据统计量确定临界值,$t_{0.05} = 1.64$。

(4) 确定 P 值,统计结论

① $P > 0.05$,不是小概率事件,差别不具显著性,接受 H_0;

② $P < 0.05$,为小概率事件,拒绝 H_0,接受 H_1。

$0.01 < P < 0.05$,差别具有显著性,拒绝 H_0,接受 H_1。

$P < 0.01$,差别具有高度显著性,拒绝 H_0,接受 H_1。

根据上述公式计算 $|t| = 2.47 > 1.64$,所以 $P < 0.05$,差别具有显著性,拒绝 H_0,接受

H_1。即可认为健康的成年男子经过长期的体育锻炼会使安静时的脉搏减慢。

7.1.4 假设检验的两类错误

1) 假设检验常出现两类错误

如图 7.1 所示：

(1) 第一类错误(弃真错误)：拒绝了实际上为真命题的 H_0。第一类错误的概率为 α。

(2) 第二类错误(存伪错误)：接受了实际上为假命题的 H_0。第二类错误的概率为 β。

	H_0 检验	
决策	实际情况	
	H_0 为真	H_0 为假
接受 H_0	$1-\alpha$	第二类错误(β)
拒绝 H_0	第一类错误(α)	功效($1-\beta$)

图 7.1 假设检验的两类错误

2) 两类错误之间的关系

发生两类错误的原因是抽样误差。由于抽样误差的存在，不能保证我们随机抽取的样本都具有代表性。

错误 α 和错误 β 的关系：

(1) α 和 β 的关系是相对的，α 变小则 β 变大，α 变大则 β 变小。

(2) 在样本含量固定的情况下，犯两类错误的概率不可能同时减少，但增加样本含量可以减少犯两类错误的概率。

7.2 单样本 T 检验

7.2.1 基本概念和方法

单样本 T 检验通常给定一个服从正态分布的已知总体，并以该总体的平均值作为标准，通过抽取某个未知总体的样本，来检验未知总体均数与标准之间的差异问题。

单样本 T 检验方法是非常稳健的，对于不是极端偏离正态、极端值不明显的数据分布一般都适用，分析结果也相对较稳定。

7.2.2 案例分析

【案例 7-1】 已知我国一般健康成年男子安静时的脉搏服从正态分布，其平均值为 72 次/分，标准差为 6.4 次/分。随机测得某体院三年级 30 名男生安静时的脉搏(次/分)为：68、72、69、72、65、67、69、62、71、70、69、65、63、72、71、70、65、63、66、65、70、72、65、66、63、

64、68、67、70、69。试问,该体院三年级男生安静时的脉搏与一般健康成年男子安静时的脉搏是否差异显著?($\alpha=0.05$)

(1) 打开 SPSS 进入变量视图,设置变量 pluse(脉搏)。

(2) 进入数据视图,输入体院三年级 30 名男生安静时的脉搏数据,如图 7.2 所示。

(3) 打开"分析"菜单→"比较均值"→"单样本 T 检验"命令,弹出"单样本 T 检验"对话框,如图 7.3 所示。

将左侧变量文本框中的变量"脉搏(pulse)"选择进入右侧的"检验变量"框,下方"检验值"框中输入"72",即把已知总体(我国一般健康成年男子安静时的脉搏)平均值作为比较标准。

图 7.2 输入变量"脉搏"的样本数据

(4) 点击图 7.3 中右侧"选项"标签,弹出"选项"对话框,如图 7.4 所示。设置 95% 置信区间。点击"继续"按钮回到图 7.3 的对话框,点击"确定"按钮即可。

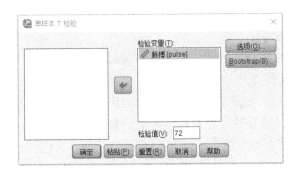

图 7.3 "单样本 T 检验"对话框

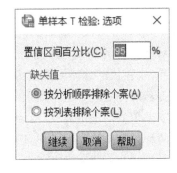

图 7.4 "选项"对话框

(5) 结果输出。

表 7.1 "脉搏"的基本统计量

样本含量	均值	标准差	均值的标准误
30	67.60	3.103	0.566

表 7.1 对该体院三年级 30 名男生脉搏数据进行了基本的描述性统计。可见,样本数据的均值为 67.6 次/分,低于标准 72 次/分。

表 7.2 "脉搏"单样本 T 检验结果

统计量 t	自由度 df	概率 P(双侧)	均值差	95%置信区间下限	95%置信区间上限
-7.767	29	0.000	-4.400	-5.56	-3.24

表 7.2 是"脉搏"的单样本 T 检验结果,检验标准 72 次/分。表中的数据依次为统计量

t 值、自由度 df、P 值(双侧检验)、均值的差值及其 95% 置信区间。检验结果显示:统计量 $t=-7.767$,对应的单样本双侧检验 $P=0.000<0.05$,差异具有显著性。即该体院三年级男生安静时的脉搏与一般健康成年男子安静时的脉搏有显著差异,其中检验水平 $\alpha=0.05$。

综上所述,总体均数的置信区间和 T 检验的结果实际上是完全一致的。置信区间表示总体均值落在哪个范围内,即"量"的问题。T 检验说明总体均值之间差异的情况及其确认该差异的把握有多大,即解决了"质"的问题。

7.3 配对样本 T 检验

7.3.1 基本概念和方法

配对样本 T 检验顾名思义指两组数据成对出现,如样本 $x_1, x_2, \cdots, x_n$ 与 $y_1, y_2, \cdots, y_n$,(x_i, y_i) 为一对数据。同组中的数据顺序不可以随意改变,如果颠倒顺序,就会改变问题的性质。例如,同一批运动员进行高原训练前后生化指标的比较。

配对样本 T 检验通常针对以下几种情况:第一种是自身在处理前后的比较,如同一个班的同学在实施新教学方法后跳远成绩的前后对比;第二种是对同一实验对象实施两种不同处理后的比较,如对同一个班的同学实施两种不同的跳远教学方法后成绩的比较;第三种是配对的两组实验对象分别实施两种不同处理后的比较,如甲班实施教学方法 A,乙班实施教学方法 B,比较实验后的跳远成绩差异。

配对样本 T 检验的基本原理是对每组样本数据求差值。若实施的两种处理方法实质上无差异,则差值的总体均值应为 0,从该总体中随机抽取的样本差值均值亦在 0 周围波动;反之,若两种处理方法本质上差异显著,则差值的总体均值应远离 0,从该总体中随机抽取的样本差值的均值远离 0。因此,通过检验两组配对数据差值的总体均值是否为 0,就可以推断两种处理方法之间差异是否显著。

配对样本 T 检验的假设为:

$H_0: \mu_d = 0$,两种处理方法之间无差异;

$H_1: \mu_d \neq 0$,两种处理方法之间差异显著。

配对样本 T 检验的统计量公式是:$t = \dfrac{\bar{d}}{s_{\bar{d}}}$。

式中:$\bar{d}$——每组配对数据之差的均值;

$s_{\bar{d}}$——每组配对数据之差的均值的标准误。

配对样本 T 检验实质上就是单样本 T 检验,因为它将原始数据转换成配对的每组的差值,然后研究这些差值数据与标准总体均值 0 是否差异显著。

7.3.2 案例分析

【案例 7-2】 为研究有氧运动对减肥效果的影响,每天让 9 名肥胖妇女在自行车功力计上持续运动两个小时(负荷 100 W/分),一个月前后的体重如表 7.3 所示,试问该种有氧运动的减肥效果是否具有显著性?

表 7.3　运动前后对比体重表

编号	1	2	3	4	5	6	7	8	9
运动前	170	138	166	139	124	153	120	126	140
运动后	170	136	160	131	119	147	117	120	134

（1）打开 SPSS，首先建立数据文件。设置两个连续型变量，即运动前（变量名为"before"）、运动后（变量名为"after"）。录入数据，如图7.5所示。

（2）打开"分析"菜单→"比较均值"→"配对样本 T 检验"命令，弹出"配对样本 T 检验"对话框，如图7.6所示。成对变量指根据具体题目要求选择变量自行配对。

① 将左侧变量框中的变量"运动前（before）"选择进入成对变量"对1"中的"Variable 1"，即成对变量1中的第一个变量是"before"。

② 同理，将左侧变量框中的变量"运动后（after）"选择进入成对变量"对1"中的"Variable 2"。

③ 运动前后的数据结成一对变量"对1"。

（3）点击图7.6中右侧"选项"标签，弹出下一级对话框，如图7.7所示。与单样本 T 检验类似，选择95%的置信区间。点击"继续"按钮回到图7.6的对话框，点击"确定"按钮即可。

图 7.5　运动前后数据文件的建立

图 7.6　"配对样本 T 检验"对话框

（4）结果输出。

表7.4显示运动前后各自的基本统计量，即对配对变量进行描述性统计。表7.5对成对变量间的关系进行相关性分析，结果显示运动前后的样本数据呈相关关系。

表 7.4　配对样本统计量

配对变量	均值	样本含量	标准差	均值的标准误
运动前	141.78	9	17.936	5.979
运动后	137.11	9	18.631	6.210

图 7.7　"配对样本 T 检验：选项"对话框

表 7.5　配对样本的相关系数表

配对样本	样本含量	相关系数	概率 P
运动前 & 运动后	9	0.991	0.000

表 7.6　配对样本 T 检验结果表

配对样本	均值	标准差	均值的标准误	差分的95%置信区间		统计量 t	自由度 df	概率 P
				下限	上限			
运动前 & 运动后	4.676	2.50	0.833	2.745	6.588	5.60	8	0.001

表 7.6 显示，运动前后体重的均值差为 4.676，对应的双侧检验 $P=0.001<0.05$，有统计学意义。说明该运动前后体重有显著性差异，从而推测有氧运动对减肥有一定效果。

7.4　独立样本 T 检验

7.4.1　基本概念和方法

独立样本 T 检验也是两组数据之间的比较，如样本 $x_1, x_2, \cdots, x_n$ 与 $y_1, y_2, \cdots, y_n$。与配对样本 T 检验不同的是，同组中的数据顺序可以随意调换，不会改变问题的性质。例如，足球和篮球专业的学生 100 m 跑成绩的比较。

独立样本 T 检验的假设为：

$H_0: \mu_d = 0$，两组数据之间无差异；

$H_1: \mu_d \neq 0$，两组数据之间差异显著。

独立样本 T 检验的统计量公式是：

$$t = \frac{\bar{x}_1 - \bar{x}_2}{\sqrt{\frac{\left[\sum x_1^2 - \frac{(\sum x_1)^2}{n_1}\right] + \left[\sum x_2^2 - \frac{(\sum x_2)^2}{n_2}\right]}{n_1 + n_2 - 2}\left(\frac{1}{n_1} + \frac{1}{n_2}\right)}}$$

式中：$\bar{x}_1$——第一组的均值；

$\bar{x}_2$——第二组的均值；

n_1——第一组的样本含量；

n_2——第二组的样本含量。

7.4.2　案例分析

【案例 7-3】　一位教师在进行发展下肢爆发力新教法研究时，在保证身体素质、技术水平和成绩基本相同的前提下,从自己任课班级中随机抽取两个组(各10人),一个作为实验组,一个作为对照组。通过一学期的训练后,测得立定跳远成绩,如表7.7所示。

表7.7 立定跳远成绩

| 对照组 | 221 | 225 | 221 | 223 | 236 | 217 | 219 | 240 | 232 | 232 |
| 实验组 | 236 | 234 | 233 | 237 | 240 | 232 | 222 | 256 | 240 | 246 |

试问发展下肢爆发力新教法对立定跳远成绩是否有提高?

(1) 进入 SPSS 变量视图,定义 group 和 score 两个变量,分别代表"组别"和"立定跳远成绩"。

(2) 进入数据视图,录入数据,如图7.8所示。

独立样本 T 检验录入数据与配对样本 T 检验不同,也不符合一般数据录入思维。它没有将"对照组"和"实验组"分别列成两列,步骤如下:

① 先设置"组别"变量进行分组,其中"1=对照组""2=实验组"。

② 所有20名同学的立定跳远成绩对应第一列的分组,全部依次录入变量"立定跳远"所对应的第二列。

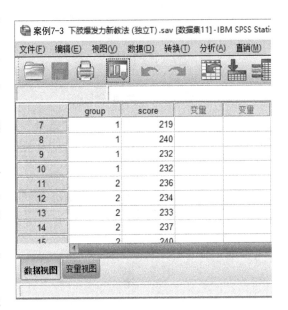

图7.8 独立样本T检验录入数据

(3) 打开"分析"菜单→"比较均值"→"独立样本 T 检验"命令。弹出如图7.9所示对话框。

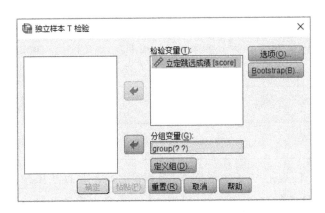

图7.9 "独立样本T检验"对话框

① 将左侧变量文本框中的变量"score(立定跳远)"选择进入右侧"检验变量"框。

② 将变量"group(组别)"选择进入右侧"分组变量"框。点击下方的"定义组"按钮,弹出下一级"定义组"对话框,如图7.10所示。

③ 在图7.10"组1(1):"的文本框中输入"1",表示用数字"1"表示第一组(对照组);在

"组2(2):"的文本框中输入"2",表示用数字"2"表示第二组(实验组)。点击"继续"按钮,回到图7.9的主对话框。

图7.10 "定义组"对话框

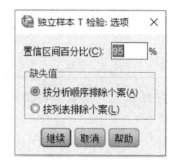

图7.11 "独立样本T检验:选项"对话框

(4) 点击图7.9主对话框中的"选项"按钮。弹出下一级"选项"对话框,如图7.11所示。设置"95%"置信区间,点击"继续"按钮回到图7.9的主对话框,单击"确定"按钮。

(5) 结果输出。

表7.8 "立定跳远成绩"独立样本T检验的基本统计量

组别	样本含量 N	均值	标准差	均值的标准误
1	10	226.60	7.849	2.482
2	10	237.60	9.021	2.853

表7.8对两组立定跳远成绩进行了基本的描述性统计。均值显示,实验组的均值比对照组的均值大11 cm。

表7.9 "立定跳远成绩"独立样本T检验结果表

前提条件	方差方程的Levene检验		均值方程的T检验						
	统计量 F	概率 P	统计量 t	自由度 df	概率 P(双侧)	均值差值	标准误差值	差分的95%置信区间	
								下限	上限
假设方差相等	0.03	0.858	−2.909	18	0.009	−11.000	3.781	−18.944	−3.056
假设方差不相等			−2.909	17.62	0.009	−11.000	3.781	−18.955	−3.045

表7.9首先进行Levene方差齐性检验,主要判断两组数据总体方差的齐性。若两总体方差具有齐性,则直接进行独立T检验;否则,需要对自由度进行校正,从而进行校正的独立T检验。本案例中方差齐性检验结果$F=0.03, P=0.858>0.05$,因此拒绝原假设,认为两个样本所属总体的方差是具有齐性的。因此,独立T检验的结果不需要校正,直接选择第一行(假设方差相等)的T检验结果,$t=-2.909, df=18$,双侧T检验$P=0.009<0.05$,故拒绝H_0,接受H_1,认为实施发展下肢爆发力新教法后,立定跳远成绩有显著性提高。

8 方差分析

8.1 基本概念和方法

英国统计学家 R. A. Fisher 首先提出了 F 检验,即方差分析,也称为变异数分析。方差分析通常被简写为 ANOVA(Analysis of Variance)。它与假设检验都是针对连续变量的推断性统计方法,它们要求各组数据服从正态分布或近似正态分布,都是不同组别均数之间的差异比较。但方差分析适用于三组及以上的多组均数之间的显著性检验。

(1) 因素:影响研究对象的某一指标、变量。

(2) 水平:因素变化的各种状态或因素变化所分的等级或组别。

(3) 单因素试验:考虑的因素只有一个的试验。

(4) 单因素方差分析:对单因素试验结果进行分析,检验因素对试验结果有无显著性影响的方法叫单因素方差分析。单因素方差分析是两个样本平均数比较的延伸,它是用来检验多个平均数之间的差异,从而确定因素对试验结果有无显著性影响的一种统计方法。

受不同因素的影响,研究所得的数据会不同。造成结果差异的原因可分为两类:一类是不可控的随机因素影响——随机变量;另一类是研究中人为施加的可控因素对结果的影响——控制变量。例如在学校体育教学中,希望找到一种有效的教学方法和手段,使教学效果最好。需要分析教学效果受到哪些因素的影响,不同的教学方法、不同的教材(可控变量)、学生的接受能力(随机变量),都会对教学效果产生影响。如果知道在众多的影响因素中,哪些因素起着主要作用,就可以采取有效的教学方法和手段来提高教学效果。例如,一个地区的学生体质状况与其经济发展水平、教育投入水平、文化教育水平等因素都有关系,需要找到哪些因素起着主要作用,就可以制定相关政策解决问题。

方差分析的基本思想是把所有观察值之间的变异分解为几个部分,即把描写观察值之间的变异的离均差平方和分解为某些因素的离均差平方和以及随机抽样误差,进而计算其均方,然后相互比较,做统计学处理,确定各因素(控制变量)对研究对象的影响力大小。通过方差分析,分析不同水平的控制变量是否对结果产生了显著影响。

方差分析的基本思想是:将总差异分解,分出组间差异和组内差异,并分别用组间方差、组内方差来表示其差异程度的大小,然后对组间差异和组内差异的大小进行比较。

8.2 单因素方差分析

8.2.1 问题提出

设有 k 个训练方案,各个方案的效果如图 8.1 所示。

问题：怎样判断这 k 个训练方案的效果是否有显著性差异？

该问题中，训练方案是一个处理因素 A。k 个训练方案即该因素的 k 个不同水平。x_{ij} 是处理因素 A 的第 j 水平的第 i 个观测值。

观察值 x_{ij}		因素A的同水平（j）			
		水平A_1	水平A_2	…	水平A_k
样本序号（i）	1	x_{11}	x_{12}	…	x_{1k}
	2	x_{21}	x_{22}	…	x_{2k}
	⋮	⋮	⋮	⋮	⋮
	n	x_{n1}	x_{n2}	…	x_{nk}

图 8.1　单因素方差分析的数据结构

8.2.2　单因素方差分析的方法步骤

单因素方差分析应用的条件：被检验的总体服从正态分布且各总体方差齐性。一般步骤如下：

1) 提出统计假设

$H_0: \mu_1 = \mu_2 = \cdots = \mu_k$（因素有 k 个水平）；

$H_1: \mu_1, \mu_2, \cdots, \mu_k$ 不全相等。

2) 计算统计量 F 的值

列表计算下列各值，数据用图 8.1 中的 x_{ij} 表示。

i 是行标，$i = 1, 2, \cdots, n$；

j 是列标，$j = 1, 2, \cdots, k$。

(1) $\sum_{j=1}^{k} x_{ij}$ 为各水平重复试验数据之和（各样本数据之和）。

(2) $\sum_{j=1}^{k} x_{ij}^2$ 为各水平重复试验数据平方和（各样本数据平方和）。

(3) $\sum_{i=1}^{n} \sum_{j=1}^{k} x_{ij}$ 为各水平重复试验数据和的总和（全部数据之和）。

(4) $\sum_{i=1}^{n} \sum_{j=1}^{k} x_{ij}^2$ 为各水平重复试验数据平方和的总和（全部数据的平方和）。

3) 计算离差平方和

(1) 总离差平方和

$$L_T = \sum\sum x_{ij}^2 - \frac{\left(\sum\sum x_{ij}\right)^2}{N} = \sum\sum x_{ij}^2 - c \qquad c = \frac{\left(\sum\sum x_{ij}\right)^2}{N}$$

式中：$\sum_{i=1}^{n} \sum_{j=1}^{k} x_{ij}^2$ ——各水平重复试验数据平方和的总和（全部数据的平方和）；

N ——总的样本含量。

(2) 组间离差平方和

$$L_A = \sum \frac{\left(\sum x_{ij}\right)^2}{n_i} - \frac{\left(\sum\sum x_{ij}\right)^2}{N} = \sum \frac{\left(\sum x_{ij}\right)^2}{n_i} - c$$

式中：$\sum_{j=1}^{k} x_{ij}^2$ ——各水平重复试验数据平方和（各样本数据平方和）；

n_i ——各组的样本含量。

(3) 组内离差平方和

$$L_E = L_T - L_A$$

式中：L_T——总离差平方和；
L_A——组间离差平方和。

4) 计算自由度

(1) 总自由度　　　　$n'_T = N - 1$
(2) 组间自由度　　　$n'_A = k - 1$
(3) 组内自由度　　　$n'_E = N - k = n'_T - n'_A$

5) 计算方差

(1) 组间方差　　　　$MS_A = \dfrac{L_A}{n'_A}$

式中：L_A——组间离差平方和；
n'_A——组间自由度。

(2) 组内方差　　　　$MS_E = \dfrac{L_E}{n'_E}$

式中：L_E——组内离差平方和；
n'_E——组内自由度。

6) 计算统计量 F 的值

$$F = \dfrac{MS_A}{MS_E}$$

式中：MS_A——组间方差；
MS_E——组内方差。

查 F 分布表的临界值进行比对，本书中使用 SPSS 软件，将自动计算概率 P 值，并与检验水准 α 比较。若 $P \leqslant \alpha$，拒绝 H_0，接受 H_1，差别有统计学意义，即在处理因素的不同水平下的总体均值有显著差异；若 $P > \alpha$，接受 H_0，拒绝 H_1，差别无统计学意义，即在处理因素的不同水平下的总体均值差异不显著。

8.2.3 案例分析

【案例 8-1】 考查四种不同的训练方法对磷酸肌酸增长的影响，每种方法选取条件相仿的 6 名运动员，通过三个月的训练以后，其磷酸肌酸的增长值（单位：mg/100 ml）如表 8.1 所示。试问四种训练方法对运动员磷酸肌酸增长值有无显著性影响？

表 8.1　四种不同训练方法磷酸肌酸增长值

编号	方法一	方法二	方法三	方法四
1	3.3	3.0	0.4	3.6
2	1.2	2.2	1.8	4.4
3	1.3	2.4	2.3	4.3
4	2.7	1.1	4.5	4.4
5	3.0	4.0	3.6	3.7
6	3.2	3.7	1.3	5.6

(1) 进入 SPSS,设置变量 method(训练方法)和 index(磷酸肌酸增长值)。录入数据,如图 8.2 所示。单因素方差分析的数据录入类似独立样本 T 检验,注意先设置分组变量(method),所有测试数据按照组别依次录入变量 index 对应的数据列。

(2) 打开"分析"菜单→"比较均值"→"单因素 ANOVA"命令,进入单因素方差分析主对话框,如图 8.3 所示。

① 将左侧变量文本框中的变量"index"选择进入右侧的"因变量列表",表示将磷酸肌酸增长值作为因变量进行对比研究。

② 将左侧变量文本框中的变量"method"选择进入右侧"因子"框,即训练方法是本案例中的处理因子。

图 8.2　四种训练方法下运动员磷酸肌酸增长值

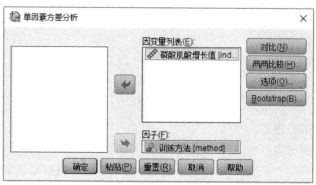

图 8.3　单因素方差分析的主对话框

(3) 在图 8.3 中,点击右侧的标签"选项",弹出二级"选项"对话框,如图 8.4 所示。选择"描述性"和"方差同质性检验"选项。缺失值选"按分析顺序排除个案"。

(4) 在图 8.3 中,点击右侧标签"两两比较",进入"两两比较"对话框,如图 8.5 所示。

① 在"假定方差齐性"区域选择算法"LSD"进行事后两两比较。

② 在"未假定方差齐性"区域选择算法"Tamhane's T2"进行事后两两比较。

③ 显著性水平文本框输入 0.05。点击"继续"按钮,回到图 8.3 的主对话框,点击"确定"按钮即可。

可见,必须在步骤(3)中"方差齐性"检验结果的前

图 8.4　"单因素 ANOVA: 选项"对话框

提下,确定事后两两比较的算法。

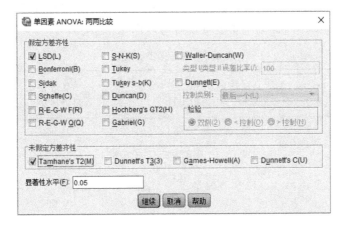

图 8.5 "单因素 ANOVA：两两比较"对话框

(5) 结果分析。

表 8.2 基本描述性统计

序号	样本含量	均值	标准差	标准误	均值的 95% 置信区间		极小值	极大值
					下限	上限		
1	6	2.450	0.952 4	0.388 8	1.451	3.449	1.2	3.3
2	6	2.733	1.065 2	0.434 9	1.615	3.851	1.1	4.0
3	6	2.317	1.509 2	0.616 1	0.733	3.900	0.4	4.5
4	6	4.333	0.714 6	0.291 7	3.583	5.083	3.6	5.6

表 8.2 对四种训练方法后的磷酸肌酸增长值进行了基本的描述性统计,增长均值分别为 2.450、2.733、2.317、4.333 (mg/100 ml)。

表 8.3 方差齐性检验

Levene 统计量	第一自由度 df_1	第二自由度 df_2	显著性概率 P 值
1.394	3	20	0.274

表 8.3 是方差齐性检验结果。第一自由度 $df_1=4-1=3$(组间),第二自由度 $df_2=20$(组内),$P=0.274>0.05$,故说明方差具有齐性。

表 8.4 单因素方差分析结果

来源	平方和	自由度 df	均方	统计量 F	显著性概率 P 值
组间	15.668	3	5.223	4.325	0.017
组内	24.150	20	1.208		
总数	39.818	23			

表 8.4 显示单因素方差分析结果,其中 $F = 4.325$,其相伴概率为 $P = 0.017 < 0.05$,说明组间差异占主导地位,即四种不同的训练方法对磷酸肌酸增长有显著性差异。但具体是哪两组之间的差异显著,需进一步进行事后两两比较(见表 8.5)。

表 8.5 事后多重比较表

算法	(I)训练方法	(J)训练方法	均值差(I-J)	标准误	显著性概率 P	95%置信区间 下限	95%置信区间 上限
LSD	1	2	−0.2833	0.6344	0.660	−1.607	1.040
	1	3	0.1333	0.6344	0.836	−1.190	1.457
	1	4	−1.8833*	0.6344	0.008	−3.207	−0.560
	2	1	0.2833	0.6344	0.660	−1.040	1.607
	2	3	0.4167	0.6344	0.519	−0.907	1.740
	2	4	−1.6000*	0.6344	0.020	−2.923	−0.277
	3	1	−0.1333	0.6344	0.836	−1.457	1.190
	3	2	−0.4167	0.6344	0.519	−1.740	0.907
	3	4	−2.0167*	0.6344	0.005	−3.340	−0.693
	4	1	1.8833*	0.6344	0.008	0.560	3.207
	4	2	1.6000*	0.6344	0.020	0.277	2.923
	4	3	2.0167*	0.6344	0.005	0.693	3.340
Tamhane	1	2	−0.2833	0.5833	0.998	−2.193	1.626
	1	3	0.1333	0.7285	1.000	−2.351	2.618
	1	4	−1.8833*	0.4861	0.021	−3.499	−0.267
	2	1	0.2833	0.5833	0.998	−1.626	2.193
	2	3	0.4167	0.7541	0.996	−2.111	2.944
	2	4	−1.6000	0.5237	0.082	−3.368	0.168
	3	1	−0.1333	0.7285	1.000	−2.618	2.351
	3	2	−0.4167	0.7541	0.996	−2.944	2.111
	3	4	−2.0167	0.6817	0.118	−4.468	0.434
	4	1	1.8833*	0.4861	0.021	0.267	3.499
	4	2	1.6000	0.5237	0.082	−0.168	3.368
	4	3	2.0167	0.6817	0.118	−0.434	4.468

注:*表示均值差在 0.05 级别上较显著。

表 8.5 进行了单因素方差分析的事后多重比较。四种训练方法之间的两两比较共有 $4 \times (4-1)/2 = 6$ 对。每一对在表 8.5 中显示了两次比较,即方法 1 与方法 2 比较,方法 2 与方法 1 再次比较,故结果只有 6 种情况。

根据表 8.3 判断方差具有齐性,因此在表 8.5 中只需关注算法 Tamhane 的两两比较结果,即此表的下半部分。方法1和方法4比较的 $P=0.021$,故四种不同的训练方法对磷酸肌酸增长的影响差异显著,其中方法1和方法4有显著性差异。表中 * 处亦显示了差异性结果。

【案例8-2】 研究不同城市同龄儿童的身高是否有显著性差异,分别在北京、上海、成都、广州四个城市进行抽样调查。数据如图8.6所示。

(1)进入 SPSS,设置变量 sg(身高) 和变量 cs(城市),录入数据,如图 8.6 所示。

(2)步骤同案例 8-1,如图 8.7 所示,进入"单因素方差分析"主对话框。因变量为变量 sg,考察因素是变量 cs。

(3)其他操作步骤同案例 8-1。结果分析如表 8.6~表 8.9 所示。

图 8.6 各城市同龄儿童身高数据

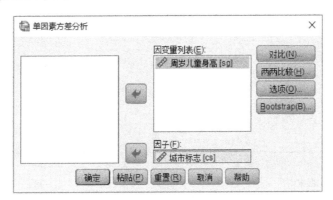

图 8.7 "身高"单因素分析主对话框

表 8.6 "身高"基本描述性统计表

城市	样本含量 N	均值	标准差	标准误	均值的95%置信区间		极小值	极大值
					下限	上限		
北京	5	75.80	2.490	1.114	72.71	78.89	72	78
上海	5	72.60	1.140	0.510	71.18	74.02	71	74
成都	5	76.40	1.140	0.510	74.98	77.82	75	78
广州	5	70.00	1.581	0.707	68.04	71.96	68	72

表 8.7 "身高"方差齐性检验

Levene 统计量	第一自由度 df_1	第二自由度 df_2	显著性概率 P 值
1.229	3	16	0.332

表 8.8 "身高"单因素方差分析结果

来源	平方和	自由度 df	均方	统计量 F	显著性概率 P 值
组间	133.000	3	44.333	15.693	0.000
组内	45.200	16	2.825		
总数	178.200	19			

表 8.9 多重比较结果表

算法	(I)城市标志	(J)城市标志	均值差(I−J)	标准误	显著性	95%置信区间 下限	95%置信区间 上限
LSD	北京	上海	3.200*	1.063	0.008	0.95	5.45
		成都	−0.600	1.063	0.580	−2.85	1.65
		广州	5.800*	1.063	0.000	3.55	8.05
	上海	北京	−3.200*	1.063	0.008	−5.45	−0.95
		成都	−3.800*	1.063	0.003	−6.05	−1.55
		广州	2.600*	1.063	0.026	0.35	4.85
	成都	北京	0.600	1.063	0.580	−1.65	2.85
		上海	3.800*	1.063	0.003	1.55	6.05
		广州	6.400*	1.063	0.000	4.15	8.65
	广州	北京	−5.800*	1.063	0.000	−8.05	−3.55
		上海	−2.600*	1.063	0.026	−4.85	−0.35
		成都	−6.400*	1.063	0.000	−8.65	−4.15
Tamhane	北京	上海	3.200	1.225	0.230	−1.65	8.05
		成都	−0.600	1.225	0.998	−5.45	4.25
		广州	5.800*	1.319	0.020	0.97	10.63
	上海	北京	−3.200	1.225	0.230	−8.05	1.65
		成都	−3.800*	0.721	0.005	−6.30	−1.30
		广州	2.600	0.872	0.112	−0.51	5.71
	成都	北京	0.600	1.225	0.998	−4.25	5.45
		上海	3.800*	0.721	0.005	1.30	6.30
		广州	6.400*	0.872	0.001	3.29	9.51
	广州	北京	−5.800*	1.319	0.020	−10.63	−0.97
		上海	−2.600	0.872	0.112	−5.71	0.51
		成都	−6.400*	0.872	0.001	−9.51	−3.29

注:*表示均值差在 0.05 级别上较显著。

表 8.6 对四个城市同龄儿童的身高样本数据进行了基本的描述性统计。表 8.7 显示,方差齐性分析对 $P=0.332>0.05$,说明方差具有齐性。如表 8.8 所示,方差分析的 $F=$

15.693，对应的 $P = 0.000 < 0.05$，说明各城市同龄儿童身高均值差异显著。在方差具有齐性的前提下，表 8.9 中算法 LSD 两两比较结果显示，北京和上海、北京和广州、上海和成都、上海和广州、广州和成都具有显著性差异，但北京和成都之间无显著性差异。

8.3 双因素方差分析

8.3.1 问题提出

设有 k 个训练方案，不同性别的人群实施各个方案。

问题：怎样判断对于不同性别这 k 个训练方案的效果是否有显著性差异？

(1) 同时施加因素 A（训练方案）和因素 B（性别），两个因素对试验结果是否有影响。

(2) 分别对两个因素进行检验，研究是一个因素在起作用，还是两个因素都起作用，还是两个因素都不起作用。

(3) 如果因素 A 和 B 对试验结果的影响是相互独立的，分别判断因素 A 和因素 B 对试验指标的影响，该双因素方差分析称为无交互作用的双因素方差分析。

因素A (i)	因素$B(j)$				平均值 $\bar{x}_i$
	B_1	B_2	$\cdots$	B_r	
A_1	x_{11}	x_{12}	$\cdots$	x_{1r}	$\bar{x}_1$
A_2	x_{21}	x_{22}	$\cdots$	x_{2r}	$\bar{x}_2$
$\vdots$	$\vdots$	$\vdots$		$\vdots$	$\vdots$
A_k	x_{k1}	x_{k2}	$\cdots$	x_{kr}	$\bar{x}$
平均值 $\bar{x}_j$	$\bar{x}_1$	$\bar{x}_2$	$\cdots$	$\bar{x}_r$	$\bar{\bar{x}}$

图 8.8 双因素方差分析的数据结构

(4) 如果除了因素 A 和 B 对试验结果的单独影响之外，因素 A 和因素 B 还会共同对试验指标产生一种新的影响，该双因素方差分析称为有交互作用的双因素方差分析。

(5) 对于无交互作用的双因素方差分析，其结果与对每个单独因素分别进行单因素方差分析的结果相同。

8.3.2 双因素方差分析的方法步骤

1) 提出假设

(1) 对因素 A 提出假设：

$H_0: \mu_1 = \mu_2 = \cdots = \mu_i = \cdots = \mu_k$（$\mu_i$ 为第 i 个水平的均值）；

$H_1: \mu_i (i = 1, 2, \cdots, k)$ 不全相等。

(2) 对因素 B 提出假设：

$H_0: \mu_1 = \mu_2 = \cdots = \mu_j = \cdots = \mu_r$（$\mu_j$ 为第 j 个水平的均值）；

$H_1: \mu_j (j = 1, 2, \cdots, r)$ 不全相等。

2) 构造检验的统计量

为检验 H_0 是否成立，需确定检验的统计量。

(1) 构造总离差平方和

全部观察值 x_{ij} 与总平均值 $\bar{\bar{x}}$ 的离差平方和，反映全部观察值的离散状况。

计算公式为 $SS_T = \sum (x_{ij} - \bar{\bar{x}})^2$。

式中：x_{ij}——每个观察值；

$\bar{\bar{x}}$——总平均值。

(2) 计算 SS_A、SS_B 和 SS_E

因素 A 的离差平方和 $SS_A = \sum_{i=1}^{k}\sum_{j=1}^{r}(x_i - \bar{\bar{x}})^2$，反映因素 A 对试验指标的影响。

式中：x_i——因素 A_i 对应的观察值；

$\bar{\bar{x}}$——总平均值。

因素 B 的离差平方和 $SS_B = \sum_{i=1}^{k}\sum_{j=1}^{r}(x_j - \bar{\bar{x}})^2$，反映因素 B 对试验指标的影响。

式中：x_j——因素 B_j 对应的观察值；

$\bar{\bar{x}}$——总平均值。

误差项平方和 $SS_E = \sum_{i=1}^{k}\sum_{j=1}^{r}(x_{ij} - \bar{x}_i - \bar{x}_j - \bar{\bar{x}})^2$，反映试验误差对试验指标的影响。

式中：x_{ij}——每个观察值；

$\bar{x}_i$——因素 A_i 对应的一组观察值的平均值；

$\bar{x}_j$——因素 B_j 对应的一组观察值的平均值；

$\bar{\bar{x}}$——总平均值。

(3) 各平方和的关系

$$SS_T = SS_A + SS_B + SS_E$$

(4) 计算均方 MS

各离差平方和的大小与观察值的多少有关，为消除观察值多少对离差平方和大小的影响，需要将其平均，这就是均方。其计算方法是用离差平方和除以相应的自由度。

三个平方和的自由度分别是：

总离差平方和 SS_T 的自由度为 $kr-1$；因素 A 的离差平方和 SS_A 的自由度为 $k-1$；因素 B 的离差平方和 SS_B 的自由度为 $r-1$；随机误差平方和 SS_E 的自由度为 $(k-1)\times(r-1)$。

因素 A 的均方记为 MS_A，计算公式为 $MS_A = \dfrac{SS_A}{k-1}$。

式中：SS_A——因素 A 的离差平方和；

$k-1$——SS_A 的自由度。

因素 B 的均方记为 MS_B，计算公式为 $MS_B = \dfrac{SS_B}{r-1}$。

式中：SS_B——因素 B 的离差平方和；

$r-1$——SS_B 的自由度。

随机误差项的均方记为 MS_E，计算公式为 $MS_E = \dfrac{SS_E}{(k-1)\times(r-1)}$。

式中：SS_E——随机误差平方和；

$(k-1)\times(r-1)$——SS_E 的自由度。

(5) 计算检验的统计量 F

检验因素 A 的影响是否显著，统计量公式为：$F_A = MS_A/MS_E$；检验因素 B 的影响是否显著,统计量公式为:$F_B = MS_B/MS_E$。

式中:MS_B——因素 B 的均方;

MS_E——随机误差项的均方。

3) 统计决策

将统计量的值 F 与给定的显著性水平 α 的临界值 F_α 进行比较,做出接受或拒绝原假设 H_0 的决策。根据给定的显著性水平 α 在 F 分布表中查找相应的临界值 F_α。

若 $F_A \geqslant F_\alpha$,则拒绝原假设 H_0,表明均值之间的差异是显著的,即所检验的因素(A)对观察值有显著影响。

若 $F_B \geqslant F_\alpha$,则拒绝原假设 H_0,表明均值之间有显著差异,即所检验的因素(B)对观察值有显著影响。

方差来源	平方和 SS	自由度 df	均方 MS	F值
因素A	SS_A	$k-1$	MS_A	F_A
因素B	SS_B	$r-1$	MS_B	F_B
误差	SS_E	$(k-1)\times(r-1)$	MS_E	
总和	SS_T	$kr-1$		

图 8.9 双因素方差分析结构图

8.3.3 无重复试验的双因素方差分析案例分析

无重复试验的双因素方差分析,也称为随机区组设计的方差分析,即配伍组设计。将条件相同或相近的试验对象组成 k 区组,每个区组有 m 个对象,再随机地分到 m 个处理组中。该方法不仅解析处理因素的组间变异,也把由区组产生的变异也分离出来,故减少了随机误差。

【**案例 8-3**】 选取北京、上海、广州和重庆 4 个城市的班级(各 300 人)进行铅球训练方案测试,测试方案分 A、B、C 三种。经过一学年的训练方案实施,不同地区使用不同方案的铅球测试平均成绩,如表 8.10 所示。试问不同地区、不同的铅球训练方案对测试均分的影响差异是否显著?

表 8.10 不同地区不同训练方案的铅球平均成绩

地区	训练方案	铅球成绩
北京	A	4.5
北京	B	5.4
北京	C	7.9
上海	A	5.0
上海	B	5.8
上海	C	7.4
广州	A	5.8
广州	B	6.4
广州	C	7.0
重庆	A	3.4
重庆	B	4.6
重庆	C	5.8

（1）本案例有两个因素：地区和训练方案。

首先研究对象按照地区因素分为 4 个组别，每个地区随机抽取条件相近的 300 人，再随机分成 3 个小组，对 3 个小组（每组 100 人）分别实施 A、B、C 三种不同的铅球训练方案，即无重复试验双因素方差分析。

进入 SPSS 变量视图，设置 3 个变量：地区、训练方案、铅球成绩。进入数据视图，依次输入测试数据，如图 8.10 所示。其中，1＝北京、2＝天津、3＝上海、4＝重庆。

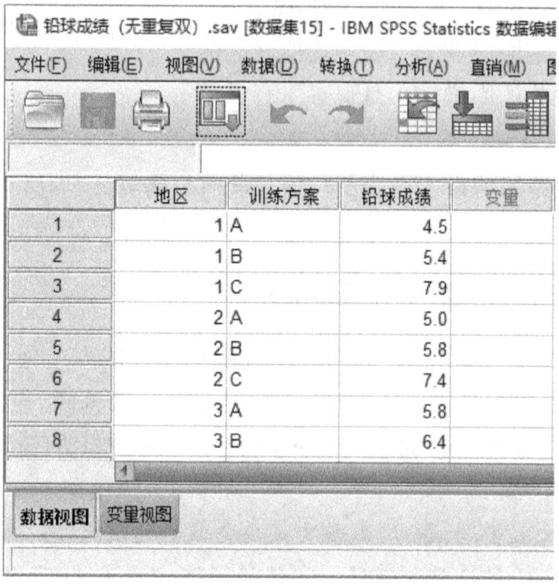

图 8.10 铅球平均成绩的数据录入

（2）打开"分析"菜单→"一般线性模型"→"单变量"命令，进入"单变量"对话框，如图 8.11 所示。

① 将左侧变量文本框中的"铅球成绩"选择进入右侧的"因变量"框。

② 将左侧变量文本框中的"训练方案"和"地区"调入右侧的"固定因子"文本框，表示两个影响铅球成绩的因素。

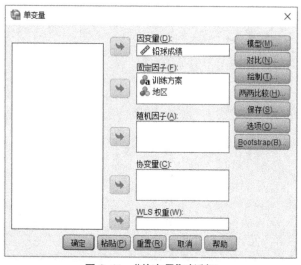

图 8.11 "单变量"对话框

(3) 在图 8.11 中,点击右侧"模型"标签,进入构建"模型"对话框,如图 8.12 所示。

① "全因子"模型不仅分析所有影响变量的因素主效应,而且分析因素之间的交互效应。

② 本案例是无重复试验,不存在分析交互效应。故选择"设定"模型。

③ 此时,"因子与协变量"文本框被激活,将其中的"训练方案"和"地区"两个因子选择进入右侧的"模型"文本框,并将"构建项"类型选择为"主效应",表示将对这两个因素做主效应分析,而非交互效应分析。

④ 对话框下方"平方和"选计算方式"类型Ⅲ",并选择"在模型中包括截距"。点击"继续"按钮,回到图 8.11 主对话框。

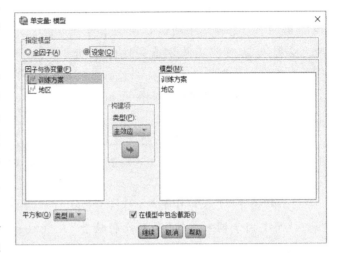

图 8.12 "单变量:模型"对话框

(4) 点击图 8.11 中的"对比"标签,弹出下一级"对比"对话框,如图 8.13 所示。

① 选择因子"训练方案(无)","更改对比"选择为"简单","参考类别"选择"最后一个",点击"更改"标签。

② 选择因子"地区(无)",操作同上。结果如图 8.14 所示。点击"继续"按钮,回到图 8.11 主对话框。

③ 上述操作表示,对于"训练方案"和"地区"这两个影响因素,以"最后一个"水平作为参考水平,其他水平的效果均值与其进行作差比较,再进行显著性检验。

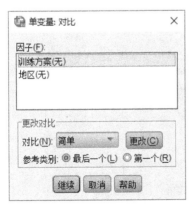 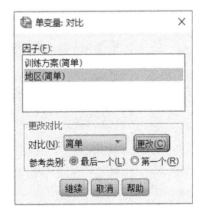

图 8.13 训练方案—"对比"对话框设置　　图 8.14 地区—"对比"对话框设置结果

(5) 在图 8.11 主对话框中,点击右侧的"选项"标签,进入"选项"对话框,如图 8.15 所示。

① 在"估计边际均值"区域的"因子与因子交互"文本框中,选择"训练方案"和"地区"两

个因子,调入右侧"显示均值"文本框。计算边际均值表示分别对两个因子做独立的不同水平的效果均值比较。

② 在"输出"区域选择"方差齐性检验"和"残差图",显著性水平默认 0.05。本案例为无重复试验,可以不做方差齐性检验,选择是为查看输出结果。

③ 点击"继续"按钮回到图 8.11 主对话框。

(6) 点击图 8.11 右侧"两两比较"标签,进入均值"两两比较"对话框,如图 8.16 所示。

① 将"因子"文本框中的"训练方案"和"地区"两个因子调入右侧"两两比较检验"文本框。

② 在"假定方差齐性"区域选择"LSD"算法,即用该算法检验两两之间各水平均值的差异是否显著。

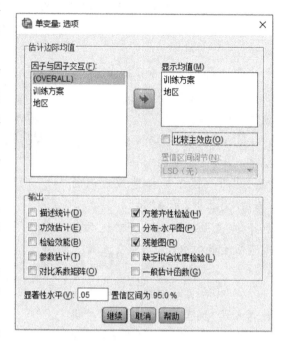

图 8.15 "单变量:选项"对话框

③ 点击"继续"按钮,回到图 8.11 主对话框,单击"确定"按钮即可。

图 8.16 "单变量:观测均值的两两比较"对话框

(7) 结果分析。

① 方差分析的结果。

表 8.11　方差分析的主效应检验

来源	Ⅲ型平方和	自由度 df	均方	统计量 F	概率 P
校正模型	16.922	5	3.384	13.463	0.003
截距	396.750	1	396.750	1578.232	0.000
训练方案	11.285	2	5.642	22.445	0.002
地区	5.637	3	1.879	7.474	0.019
误差	1.508	6	0.251		
总计	415.180	12			
校正的总计	18.430	11			

表 8.11 的第一列表示变差来源,第二列是常规变差结果,第三列是自由度,第四列是方差结果,即变差除以相应的自由度,第五列是统计量 F 值,第六列是统计量对应的显著性水平。相伴概率 P 值均小于 0.05,说明因素"地区"、因素"训练方案"产生的效果均有显著性差异。

② 方差齐性检验。

表 8.12　方差齐性检验

统计量 F	第一自由度 df_1	第二自由度 df_2	概率 P
.	11	0	.

本案例为无重复试验的方差分析,一般无需进行方差齐性检验。在表 8.12 中,样本含量是 12,因素向量是 3×4=12 个,故误差项的自由度是 12−12=0,因此统计量 F 值无法显示。

③ "训练方案"的效果均值比较结果。

表 8.13　"训练方案"的效果均值比较

训练方案	简单对比		铅球成绩
级别 1 和级别 3	对比估算值		−2.350
	假设值		0
	差分(估计−假设)		−2.350
	标准误差		0.355
	概率 P		0.001
	差分的 95% 置信区间	下限	−3.218
		上限	−1.482
级别 2 和级别 3	对比估算值		−1.475
	假设值		0
	差分(估计−假设)		−1.475
	标准误差		0.355
	概率 P		0.006
	差分的 95% 置信区间	下限	−2.343
		上限	−0.607

表8.13是固定因素"地区"时单独计算因素"训练方案"的效果均值比较。

级别1和级别3显示了训练方案A和方案C的效果均值比较,均值差为－2.350,对应的$P=0.001<0.05$,说明方案A和方案C之间有显著性差异。

级别2和级别3显示了方案B和方案C的效果均值比较,均值差为－1.475,对应的$P=0.006<0.05$,说明方案B和方案C之间有显著性差异。

④ "训练方案"的方差分析结果。

表8.14 "训练方案"的方差分析表

来源	平方和	自由度df	均方	统计量F	概率P
对比	11.285	2	5.642	22.445	0.002
误差	1.508	6	0.251		

表8.14表示训练方案的方差分析结果,$P=0.002<0.05$,说明因素"训练方案"3个不同水平的效果均值差异显著。

⑤ "地区"的效果均值比较结果。

表8.15 "地区"的效果均值比较

地区	简单对比		铅球成绩
级别1和级别4	对比估算值		1.333
	假设值		0
	差分(估计－假设)		1.333
	标准误差		0.409
	概率P		0.017
	差分的95%置信区间	下限	0.332
		上限	2.335
级别2和级别4	对比估算值		1.467
	假设值		0
	差分(估计－假设)		1.467
	标准误差		0.409
	概率P		0.012
	差分的95%置信区间	下限	0.465
		上限	2.468
级别3和级别4	对比估算值		1.800
	假设值		0
	差分(估计－假设)		1.800
	标准误差		0.409
	概率P		0.005
	差分的95%置信区间	下限	0.798
		上限	2.802

表8.15是固定因素"训练方案"时单独计算因素"地区"的效果均值比较。

级别 1 和级别 4 显示了北京地区和重庆地区的效果均值比较,均值差为 1.333,对应的 $P=0.017<0.05$,说明北京地区和重庆地区之间铅球成绩有显著性差异。

级别 2 和级别 4 显示了天津地区和重庆地区的效果均值比较,均值差为 1.467,对应的 $P=0.012<0.05$,说明天津地区和重庆地区之间铅球成绩有显著性差异。

级别 3 和级别 4 显示了上海地区和重庆地区的效果均值比较,均值差为 1.800,对应的 $P=0.005<0.05$,说明上海地区和重庆地区之间铅球成绩有显著性差异。

⑥ "地区"的方差分析结果。

表 8.16 "地区"的方差分析表

来源	平方和	自由度 df	均方	统计量 F	概率 P
对比	5.637	3	1.879	7.474	0.019
误差	1.508	6	0.251		

表 8.16 对因素"地区"单独进行方差分析,$P=0.019<0.05$,说明不同地区之间的效果均值差异显著。

⑦ 边际均值结果。

表 8.17 "训练方案"不同水平的边际均值

训练方案	均值	标准误	95%置信区间	
			下限	上限
A	4.675	0.251	4.062	5.288
B	5.550	0.251	4.937	6.163
C	7.025	0.251	6.412	7.638

表 8.18 "地区"不同水平的边际均值

地区	均值	标准误	95%置信区间	
			下限	上限
北京	5.933	0.289	5.225	6.642
天津	6.067	0.289	5.358	6.775
上海	6.400	0.289	5.692	7.108
重庆	4.600	0.289	3.892	5.308

⑧ 两两比较结果。

表 8.19 "训练方案"的两两比较结果

(I)训练方案	(J)训练方案	均值差 (I−J)	标准误	概率 P	95%置信区间	
					下限	上限
A	B	−0.875*	0.3545	0.049	−1.743	−0.007
	C	−2.350*	0.3545	0.001	−3.218	−1.482

(续表)

(I)训练方案	(J)训练方案	均值差(I−J)	标准误差	概率 P	95%置信区间 下限	95%置信区间 上限
B	A	0.875*	0.354 5	0.049	0.007	1.743
	C	−1.475*	0.354 5	0.006	−2.343	−0.607
C	A	2.350*	0.354 5	0.001	1.482	3.218
	B	1.475*	0.354 5	0.006	0.607	2.343

注：* 表示均值差在 0.05 级别上较显著。

表 8.20 "地区"的两两比较结果

(I)地区	(J)地区	均值差(I−J)	标准误差	概率 P	95%置信区间 下限	95%置信区间 上限
北京	天津	−0.133	0.409 4	0.756	−1.135	0.868
	上海	−0.467	0.409 4	0.298	−1.468	0.535
	重庆	1.333*	0.409 4	0.017	0.332	2.335
天津	北京	0.133	0.409 4	0.756	−0.868	1.135
	上海	−0.333	0.409 4	0.447	−1.335	0.668
	重庆	1.467*	0.409 4	0.012	0.465	2.468
上海	北京	0.467	0.409 4	0.298	−0.535	1.468
	天津	0.333	0.409 4	0.447	−0.668	1.335
	重庆	1.800*	0.409 4	0.005	0.798	2.802
重庆	北京	−1.333*	0.409 4	0.017	−2.335	−0.332
	天津	−1.467*	0.409 4	0.012	−2.468	−0.465
	上海	−1.800*	0.409 4	0.005	−2.802	−0.798

注：* 表示均值差在 0.05 级别上较显著。

表 8.20 中两两比较结果与表 8.15 分析结果一致。

8.3.4 析因双因素方差分析案例分析

析因双因素方差分析是指两个因素多水平交叉组合，但因素之间有交互作用，需要对其交互效应进一步分析，也称为有交互作用的双因素方差分析。

【案例 8-4】 将某班学生随机分成 4 组，每组 5 人，分别实施不同的训练方法。因素 A 表示速度，包含 A1、A2、A3 三个不同水平。因素 B 表示腿部爆发力量，包含 B1、B2、B3 三个不同水平。训练一学期后，测得跳高成绩如表 8.21 所示，因素 A 和因素 B 对跳高成绩是否有交互作用？若有，其差异是否显著？

表 8.21　跳高成绩(m)

因素	B1	B2	B3
A1	1.19, 1.2, 1.3, 1.23, 1.29	1.29, 1.3, 1.35, 1.21, 1.25	1.28, 1.29, 1.34, 1.20, 1.24
A2	1.4, 1.41, 1.39, 1.35, 1.3	1.48, 1.47, 1.53, 1.50, 1.48	1.49, 1.48, 1.54, 1.49, 1.47
A3	1.39, 1.4, 1.38, 1.34, 1.29	1.47, 1.46, 1.54, 1.49, 1.49	1.50, 1.49, 1.53, 1.48, 1.48

（1）打开 SPSS，进入变量视图，设置变量：速度、腿部爆发力量和跳高成绩。切换进入数据视图，输入数据，如图 8.17 所示。

（2）打开"分析"菜单→"一般线性模型"→"单变量"命令，进入"单变量"对话框，如图 8.18 所示。

将左侧变量文本框中的"跳高成绩"选择进入右侧"因变量"文本框，选择变量"速度"和"腿部爆发力量"进入右侧"固定因子"文本框。

（3）在图 8.18 中，点击右侧的"模型"标签，弹出下一级对话框，如图 8.19 所示。

在"指定模型"区域选择"全因子"，因为要考虑两因素之间的交互作用。其他设置同案例 8-2。点击"继续"按钮，回到图 8.18 主对话框。

（4）在图 8.18 中，点击主对话框右侧的

图 8.17　跳高成绩数据录入

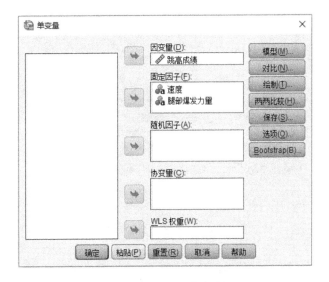

图 8.18　"单变量"对话框

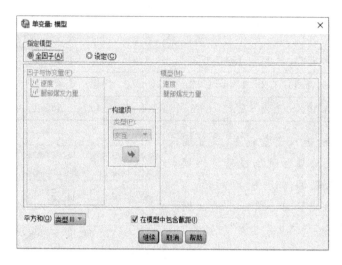

图 8.19 "单变量：模型"对话框

"选项"标签，弹出下一级"选项"对话框，如图 8.20 所示。

将"因子与因子交互"文本框中的所有变量（包括交互项）选择进入右侧"显示均值"文本框，并勾选"比较主效应"。在"输出"区域选择"方差齐性检验"。点击"继续"按钮，回到图 8.18 主对话框。

图 8.20 "单变量：选项"对话框

（5）在图 8.18 中，点击右侧"两两比较"标签，弹出下一级对话框，如图 8.21 所示。将左侧"因子"文本框中的两个因素均选择进入右侧"两两比较检验"对话框。在"假定方差齐性"区域选择"LSD"。点击"继续"按钮，回到图 8.18 主对话框，点击"确定"按钮即可。

图 8.21 "单变量:观测均值的两两比较"对话框

(6) 结果分析。

① 方差齐性检验结果。

表 8.22 方差齐性检验结果表

统计量 F	第一自由度 df_1	第二自由度 df_2	显著性概率 P
1.488	8	36	0.196

表 8.22 中统计量 $F=1.488$,其显著性概率 $P=0.196>0.05$,说明本案例数据方差具有齐性。

② 有交互作用的双因素方差分析。

表 8.23 含交叉项的双因素方差分析结果

来源	Ⅲ型平方和	自由度 df	均方	统计量 F	概率 P
校正模型	0.461	8	0.058	34.665	0.000
截距	86.722	1	86.722	52 207.370	0.000
速度	0.347	2	0.174	104.534	0.000
腿部爆发力量	0.093	2	0.046	27.934	0.000
速度 * 腿部爆发力量	0.021	4	0.005	3.096	0.027
误差	0.060	36	0.002		
总计	87.243	45			
校正的总计	0.520	44			

由表 8.23 可知,因素"速度"作用的统计量 $F=104.534$,相应的显著性概率 $P=0.000<0.05$,说明因素"速度"对跳高成绩的影响是有显著性差异的。

因素"腿部爆发力量"作用的统计量 $F=27.934$，相应的显著性概率 $P=0.000<0.05$，说明不同的"腿部爆发力量"训练方法对跳高成绩的影响也有显著性差异。

两因素交互作用的统计量 $F=3.096$，相应的显著性概率 $P=0.027<0.05$，说明"速度"和"腿部爆发力量"的交互作用对跳高成绩的影响有显著性差异。

③ 两两多重比较。

表 8.24 "速度"对跳高成绩影响的 LSD 多重比较

(I)速度	(J)速度	均值差(I−J)	标准误差	概率 P	95%置信区间	
					下限	上限
A1	A2	−0.188 0*	0.014 88	0.000	−0.218 2	−0.157 8
	A3	−0.184 7*	0.014 88	0.000	−0.214 8	−0.154 5
A2	A1	0.188 0*	0.014 88	0.000	0.157 8	0.218 2
	A3	0.003 3	0.014 88	0.824	−0.026 8	0.033 5
A3	A1	0.184 7*	0.014 88	0.000	0.154 5	0.214 8
	A2	−0.003 3	0.014 88	0.824	−0.033 5	0.026 8

注：*表示均值差在 0.05 级别上较显著。

表 8.24 显示，因素"速度"的各水平对跳高成绩影响的差异，方法 A1 和方法 A2、方法 A1 和方法 A3 差异显著，方法 A2 和方法 A3 差异不显著。

表 8.25 "腿部爆发力量"对跳高成绩影响的 LSD 多重比较

(I)腿部爆发力量	(J)腿部爆发力量	均值差(I−J)	标准误差	概率 P	95%置信区间	
					下限	上限
B1	B2	−0.096 7*	0.014 88	0.000	−0.126 8	−0.066 5
	B3	−0.096 0*	0.014 88	0.000	−0.126 2	−0.065 8
B2	B1	0.096 7*	0.014 88	0.000	0.066 5	0.126 8
	B3	0.000 7	0.014 88	0.965	−0.029 5	0.030 8
B3	B1	0.096 0*	0.014 88	0.000	0.065 8	0.126 2
	B2	−0.000 7	0.014 88	0.965	−0.030 8	0.029 5

注：*表示均值差在 0.05 级别上较显著。

表 8.25 显示，因素"腿部爆发力量"的各水平对跳高成绩影响的差异，方法 B1 和方法 B2、方法 B1 和方法 B3 差异显著，方法 B2 和方法 B3 差异不显著。

9 非参数检验

假设检验是一种重要的科研统计方法,也是体育统计教学中推断性统计的一个主要内容。假设检验分为参数检验和非参数检验。T 检验和方差分析属于参数检验。参数检验一般要求数据必须服从正态分布,在实际情况中,人们常常无法对总体分布形态做简单假定,此时参数检验的方法就有局限性了。非参数检验是考虑到在总体方差未知或知道甚少的情况下,利用样本数据对总体分布形态等进行推断的方法。由于非参数检验不受总体参数的制约,可以运用于总体为任何分布的数据。这种不是针对总体参数,而是针对总体的某些一般性假设的统计分析方法,称非参数检验。由于参数检验更注重量的变化,而非参数检验可以比较多地反映质的变化。因此,在对重复测量结果进行差异分析时,通常考虑采用一些非参数检验的方法。

非参数检验根据样本数量以及样本之间的关系可以分为:单样本非参数检验、两独立样本非参数检验、多独立样本非参数检验、两配对样本非参数检验、多配对样本非参数检验等。

非参数检验(分布检验)所要处理的问题是:

(1) 两个总体的分布未知,它们是否相同(用两组样本来检验)。

(2) (由一组样本)猜出总体的分布(假设),然后用(另一组)样本检验它是否正确。

本章介绍二项分布(Binomial)检验、单样本 K-S(Kolmogorov-Smirnov)检验、两独立样本非参数检验、多独立样本非参数检验、两配对样本非参数检验、多配对样本非参数检验六类常用的非参数检验方法,其中前两种属于单样本非参数检验。

9.1 二项分布检验

9.1.1 基本概念和方法

体育统计中有很多研究数据的取值只有两类,如投中与不中、得分与失分等。从二分类总体中抽取的所有观察结果,要么是分类中的这一类,要么是另一类,其频数分布称为二项分布。推断总体分布是否服从某个指定的二项分布称为二项分布检验。

9.1.2 案例分析

【案例 9-1】 某省青少年体质监测中,在某地区抽取 20 名学生,其中城镇学生 11 名(来源=1),农村学生 9 名(来源=0)。体质监测样本中这个地区城镇学生和农村学生比例(总体概率为 0.5)是否差异显著?(数据如表 9.1 所示)

表 9.1　体质监测样本来源

编号	来源	编号	来源	编号	来源	编号	来源
1	1	6	1	11	1	16	0
2	0	7	1	12	1	17	0
3	1	8	1	13	1	18	0
4	1	9	1	14	0	19	0
5	0	10	0	15	0	20	1

（1）在 SPSS 中设置变量"编号"和变量"来源"，输入数据，建立样本文件，如图 9.1 所示。

（2）打开"分析"菜单→"非参数检验"→"单样本"→"旧对话框"→"二项分布"命令。弹出"二项式检验"主对话框，操作步骤如下，结果如图 9.2 所示。

① 将左侧变量文本框中的变量"来源"选择进入右侧"检验变量列表"文本框，表示检验体质监测样本数据的来源差异。

② 在"定义二分法"区域选择"从数据中获取"。"割点"表示自定义一个数据分割点，数据小于该分割点的分为一类，大于该分割点的分为另一类。

③ 根据题意，"检验比例"输入标准 0.05。

（3）点击图 9.2 主对话框右侧"选项"标签，弹出二级对话框。如图 9.3 所示。

图 9.1　二项分布数据文件界面

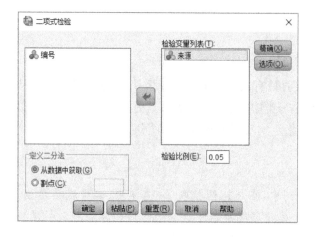

图 9.2　"二项式检验"主对话框

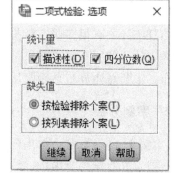

图 9.3　"二项式检验:选项"对话框

① "统计量"区域选择"描述性"和"四分位数",输出相应的描述统计量。

② "缺失值"区域选择"按检验排除个案"。

(4) 单击图 9.3 二级对话框中的"继续"按钮,回到图 9.2 的主对话框,点击"确定"按钮即可。

(5) 结果输出。

表 9.2 基本描述性统计量

样本含量	均值	标准差	极小值	极大值	百分位数		
					第 25	第 50	第 75
20	0.55	0.510	0	1	0.00	1.00	1.00

表 9.3 二项式检验结果

来源	类别	样本含量	观察比例	检验比例	显著性概率(双侧)
组 1	1	11	0.55	0.50	0.824
组 2	0	9	0.45		
总数		20	1.00		

表 9.2 显示,样本数据均值为 0.55,标准差为 0.51,第 25、50、75 百分位数分别为 0、1、1。

从表 9.3 可以看出,样本个数为 20,有 11 个来自城镇,9 个来自农村,分别占 55% 和 45%。显著性检验对应的相伴概率为 0.824,大于显著性水平 0.05,因此不能拒绝零假设,认为体质监测数据来源差异不显著。

9.2 单样本 K-S(Kolmogorov-Smirnov)检验

K-S 检验方法能够利用样本数据推断样本来自的总体是否服从某一理论分布,如正态分布、泊松分布等。它是一种拟合优度的检验方法,适用于探索连续型随机变量的分布。例如,采集同龄儿童身高的数据,利用样本数据推断该研究对象总体的身高是否服从正态分布。

单样本 K-S 检验的原假设是:样本来自的总体与指定的理论分布无显著差异。

【案例 9-2】 某市随机抽取 14 名中学男生实心球成绩,数据如图 9.4 所示。问该市中学男生实心球成绩频数是否符合正态分布?

(1) 在 SPSS 中设置两个变量,分别是"实心球成绩区间"和"频数",录入数据。

(2) 打开"分析"菜单→"非参数检验"→"旧对话框"→"1-样本 K-S"命令,弹出主对话框,如图 9.5 所示。

① 将左侧变量文本框中的变量"频数"选入右侧"检验变量列表"。

② 在左下方"检验分布"区域选择"常规",表示与正态分布进行比较。

(3) 在图 9.5 中,点击主对话框右侧的"选项"按钮,弹出"选项"二级对话框,如图 9.6 所示。选择统计量"描述性"和"四分位数",缺失值选择"按检验排除个案"。

图 9.4 单样本 K-S 检验数据文件

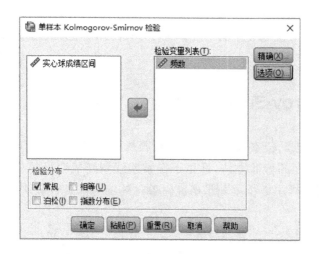

图 9.5 单样本 K-S 检验主对话框　　　图 9.6 "单样本 K-S:选项"对话框

(4) 结果输出。

表 9.4 "频数"基本描述统计

样本含量	均值	标准差	极小值	极大值	百分位数		
					第 25	第 50	第 75
14	11.71	8.730	1	25	3.00	11.00	19.00

表 9.5 "频数"的 K-S 检验

检验结果	统计量	值
正态参数	样本含量	14
	均值	11.71
	标准差	8.730
最极端差别	绝对值	0.205
	正	0.205
	负	−0.147
	K-S 统计量 Z	0.769
	渐近显著性(双侧)	0.596

表 9.4 显示，该市中学男生实心球成绩频数均值为 11.71，标准差为 8.73。

表 9.5 显示，非参数 K-S 检验的统计量 $Z=0.769$，双侧显著性检验概率 $P=0.596>0.05$，故接受零假设，认为该市中学男生实心球成绩频数服从正态分布。

9.3 两独立样本非参数检验

9.3.1 基本概念和方法

两个样本是否独立，主要看在其中一个总体中抽取样本对另外一个总体中抽取样本是否有影响。若无影响，则可以认为这两个总体是独立的。两独立样本的非参数检验一般检验两个独立样本的平均数、中位数、离散趋势等的差异。一般零假设：两个样本来自的总体均值或中位数无显著的差别。

SPSS 提供了多种两独立样本的非参数检验方法，常用的主要是以下两种。

1) 两独立样本的 Mann-Whitney U 检验

Mann-Whitney U 检验是用得最广泛的两独立样本秩和检验方法。该检验方法与独立样本 T 检验相对应，当正态分布、方差齐性等不满足 T 检验的要求时，可以使用该方法。

两独立样本的 Mann-Whitney U 检验主要通过对平均秩的测算来实现推断。秩就是名次，数据按照升序进行排序，每一个数据都会在整个数据中有具体的排序序号或名次，即该数据的秩，秩的个数与数据的个数相等。

具体步骤如下：

(1) 混合两组样本数据，并按照数据大小的升序编排等级。最小的数等级为 1，第二小的数等级为 2，以此类推(注意：若混合后的数据相等时，则相同数据的等级值应该是相同的，并取未经排名的数组中的平均值，如数据{3,5,5,9}，它们的等级值应该是{1,2.5,2.5,4})。

(2) 分别求出两个样本的等级和 R_1, R_2。

(3) U_1, U_2 的计算公式分别如下所示：

$$U_1 = R_1 - n_1 \cdot (n_1+1)/2, \quad U_2 = R_2 - n_2 \cdot (n_2+1)/2$$

式中：n_1——一组样本观察值的个数；

n_2——二组样本观察值的个数；

R_1—— 一组样本各项等级和；

R_2—— 二组样本各项等级和。

(4) 根据统计量 U_1, U_2 对应的概率 P 值做出判断。

2) 两独立样本的 K-S(Kolmogorov-Smirnov)检验

两独立样本的 K-S 检验的原理与单样本 K-S 检验类似，实现方法是：首先将两组样本数据 $(X_1, X_2, \cdots, X_n)$ 和 $(Y_1, Y_2, \cdots, Y_m)$ 混合并按升序排列，分别计算两组样本秩的累计频率和每个点上的累计频率；最后将两个累计频率相减，得到差值序列数据。如果这个差值序列数据很大，则零假设(样本来自的两独立总体均值没有显著差异)不一定成立。两独立样本的 K-S 检验适用于大样本情况。两独立样本 K-S 检验主要检验两样本来自的总体是否具有相同分布。

9.3.2 案例分析

【案例 9-3】 为检验两种不同跳远训练方法，随机抽取两组跳远运动员(各8人)，分别采用方法1和方法2训练，问这两种训练效果的差异是否显著？数据如图9.7所示。

(1) 在 SPSS 的变量视图中设置变量"跳远成绩增长"和"方法"。在数据视图中建立数据文件，如图9.7所示。

(2) 打开"分析"菜单→"非参数检验"→"旧对话框"→"两个独立样本"命令，弹出"两个独立样本检验"对话框。设置步骤如下，结果如图9.8所示。

图 9.7 两独立样本非参数检验的数据文件

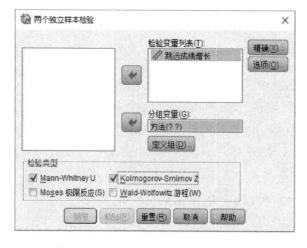

图 9.8 "两个独立样本检验"主对话框　　图 9.9 "两独立样本:定义组"对话框

① 将左侧变量文本框中的变量"跳远成绩增长"选择进入右侧"检验变量列表"文本框,将变量"方法"选入右侧"分组变量"文本框。

② 在下方"检验类型"区域选择"Mann-Whitney U"和"Kolmogorov-Smirnov Z"检验,表示两种方法同时进行。

③ 在图9.8中,点击"分组变量"下方"定义组"按钮。弹出下一级对话框,如图9.9所示。定义"组1=1,组2=2",点击"继续"按钮,回到图9.8主对话框。

④ 在图9.8主对话框中,点击"选项"按钮,弹出下一级对话框,如图9.10所示,在"统计量"区域选择"描述性"和"四分位数","缺失值"选择"按检验排除个案",点击"继续"按钮,回到图9.8的主对话框,点击"确定"按钮即可。

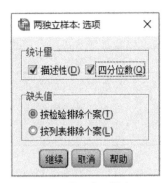

图 9.10 "两独立样本:选项"对话框

(3) 结果分析。

① 两独立样本 Mann-Whitney U 检验结果

表9.6 "跳远成绩增长"的基本描述统计

方法	样本含量	均值	标准差	极小值	极大值	百分位数		
						第25	第50	第75
方法1	8	9.88	3.243	5	16	7.00	9.50	12.75
方法2	8	1.50	0.516	1	2	1.00	1.50	2.00

表9.7 "跳远成绩增长"的 Mann-Whitney U 的秩次

方法	样本含量	秩均值	秩和
1	8	10.44	83.50
2	8	6.56	52.50
总数	16		

表9.8 Mann-Whitney U 检验结果

统计量	值	统计量	值
Mann-Whitney U	16.500	渐近显著性(双侧)	0.102
Wilcoxon W	52.500	精确显著性(单侧)	0.105
Z	−1.636		

表9.6 显示了两组样本数据各自的基本描述统计量。

表9.7 表示 Mann-Whitney U 的秩次。方法1的平均秩次是10.44,方法2的平均平均秩次是6.56。$U=16.5$,$W=52.5$,$Z=-1.636$,对应的显著性检验相伴概率为 $P=0.102>0.05$,接受零假设,说明两种跳远方法对跳远成绩增长的影响无显著性差异。

② 两独立样本的 K-S 检验结果

表 9.9 样本基本频数

检验对象	方法	N
跳远成绩增长	1	8
	2	8
	总数	16

表 9.10 两独立样本的 K-S 检验结果

检验结果	统计量	值
最极端差别	绝对值	0.375
	正	0.000
	负	−0.375
K-S 统计量 Z		0.750
渐近显著性(双侧)		0.627

从表 9.10 结果中可以看出，计算得到的最大绝对值差为 0.375，最大正差为 0，最大负差为 −0.375，得到的 K-S 值为 0.75，显著性概率 $P=0.627>0.05$，故不能拒绝零假设，认为两个独立样本来自的总体分布没有显著性差异。

综上可知，上面两种两独立样本非参数检验方法结果一致。

注：通常情况下，两独立样本 K-S 检验更适合大样本量的情况。

9.4 两配对样本非参数检验

9.4.1 基本概念和方法

两配对样本非参数检验与两配对 T 检验相似，通常对同一研究对象（或两配对对象）处理前后的效果进行比较，但两个总体分布未知。前提要求这两个样本是配对的。首先两个样本的样本含量相同，其次两组样本数据的顺序不能随意改变。

比如检验某种训练方法是否对提高学习成绩有显著效果，可以采集同一组学生使用两种不同方法后得出成绩，进行两配对非参数检验，以分析该训练方法是否有效。

SPSS 中有多种两配对非参数检验方法，应用较广泛的有下列两种。

1) 两配对样本的 Wilcoxon 符号平均秩检验

按照符号检验的方法，两配对样本的 Wilcoxon 符号平均秩检验首先将第二组样本的各个数据减去第一组样本对应的数据，如果差值是一个正数则记为正号，差值为负数则记为负号，接着保存差值的绝对值数据。然后将绝对差值数据按照升序排序，并求出相应的秩，最后分别计算正号平均秩和负号平均秩。如果正号平均秩和负号平均秩大致相当，则可以认为两配对样本数据正负变化程度基本相当，分布差距较小。

2) 两配对样本的 McNemar 变化显著性检验

McNemar 检验以研究对象自身为对照,检验其前后两组样本变化是否显著。McNemar 变化显著性检验要求待检验的两组样本的观察值是二分类数据。

9.4.2 案例分析

【案例 9-4】 随机抽取某市 10 名高二男生进行铅球新教法教学,采集训练前后的铅球成绩,如图 9.11 所示。根据达标成绩(5.8 m)设定合格等级,其中第一列表示新教法训练前教学成绩是否合格,0 表示不合格,1 表示合格;第二列表示新教法训练后教学成绩是否合格,0 表示不合格,1 表示合格;第三列表示训练前教学成绩;第四列表示训练后教学成绩。铅球新教法对学校的铅球成绩是否存在显著影响?

1) Wilcoxon 非参数检验

(1) 进入 SPSS 变量视图,设置变量"训练前(成绩)""训练后(成绩)""前达标""后达标"。以铅

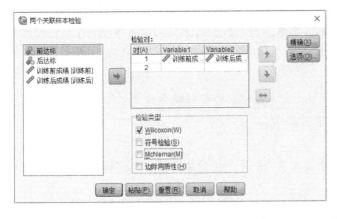

图 9.11 "两配对非参数检验"数据文件

球成绩 5.8 m 为标准,达标=1,不达标=0。建立数据文件,如图 9.11 所示。

(2) 打开"分析"菜单→"非参数检验"→"旧对话框"→"两个相关样本"命令,弹出"两个关联样本检验"主对话框。如图 9.12 所示。具体操作步骤如下:

图 9.12 "两个关联样本检验"主对话框　　图 9.13 "两个相关样本:选项"对话框

① 将左侧文本框中的变量"训练前"选择进入右侧"检验对"中的"Variable 1",选择"训练后"进入右侧"检验对"中的"Variable 2","训练前-训练后"构成了"检验对 1"。

② 在下方"检验类型"中选择 Wilcoxon 方法。

③ 点击图 9.12 中的"选项"标签,弹出二级对话框,如图 9.13 所示。点击"继续"按钮,

回到图9.12主对话框,单击图9.12主对话框中的"确定"按钮即可。

(3)"Wilcoxon方法"结果分析。

表 9.11 "训练前后成绩"的基本描述性统计量

变量	样本含量	均值	标准差	极小值	极大值
训练前成绩	10	5.839 0	0.349 59	5.39	6.41
训练后成绩	10	5.983 0	0.270 89	5.57	6.48

表 9.12 "训练前后成绩"秩对比

秩分类	样本含量 N	秩均值	秩和
负秩	2	3.75	7.50
正秩	8	5.94	47.50
结	0		
总数	10		

表 9.13 "训练前后成绩"Wilcoxon 检验

统计量	值
Z	−2.040
渐近显著性（双侧）	0.041

从表9.11中可以看出,训练前的平均成绩为5.839,训练后的平均成绩为5.983。

从表9.12中可以看出,负秩为2,正秩为8,结为0,表示10个学生中,2个人的铅球成绩有下降,8个人的成绩有提高,0个人的成绩保持不变。平均秩分别为3.75和5.94。

从表9.13中可以看出,统计量Z为-2.04,相应的相伴概率为$P=0.041<0.05$,因此拒绝零假设,认为训练前后铅球成绩差异显著。

2) McNemar 非参数检验方法

变量"前达标"和"后达标"是二分类变量,这两者的对比必须选择 McNemar 非参数检验方法。

(1)操作同上,进入图9.12的主对话框,设置如下,结果如图9.14所示。

① 将左侧文本框中的变量"前达标"和"后达标"分别选择进入右侧"Variable 1"和"Variable 2",构成变量对"前达标-后达标"。

② 在下方"检验类型"中勾选方法"McNemar"。

(2)其他操作同 Wilcoxon 检验。

(3) McNemar 方法结果分析。

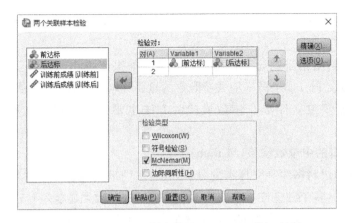

图 9.14 "两个关联样本检验—McNemar"主对话框

表 9.14 "前后达标"的基本描述性统计量

变量	N	均值	标准差	极小值	极大值
前达标	10	0.40	0.516	0	1
后达标	10	0.80	0.422	0	1

表 9.15 "前后达标"的频数

前达标	后达标	
	0	1
0	2	4
1	0	4

表 9.16 McNemar 检验结果

统计量	值
样本含量	10
精确显著性（双侧）	0.125

从表 9.15 可以看出，经过训练，铅球成绩仍然不达标的有两个学生，由不达标转为达标的有 4 个学生，由达标变为不达标的为 0 个，前后均达标的有 4 个学生。

表 9.16 中 McNemar 检验结果的显著性概率 $P=0.125$，大于显著性水平 0.05，故接受零假设，即说明训练前后学生的铅球成绩没有显著性差异。

上述两种检验方法的结果，其中 Wilcoxon 法得出了训练前后成绩发生显著性变化的结论，而 McNemar 方法认为成绩没有发生显著性变化。原因是前一种方法认为铅球成绩训练后比训练前有提高，发生正秩变化；而后一种方法要求成绩由不达标变成达标才算发生变化，铅球实际成绩若在训练前后都不达标，即使成绩有所提高也算是没有产生变化。

9.5 多独立样本非参数检验

9.5.1 基本概念和方法

多独立样本的非参数检验是通过分析多组独立样本数据，推断样本来自的多个总体的中位数或均值是否存在显著差异。一般零假设 H_0 为：样本来自的多个独立总体的均值或中位数无显著差异。

SPSS 计算并给出相应的显著性检验概率值。如果概率小于或等于既定的显著性水平，则应拒绝零假设 H_0；如果概率值大于既定的显著性水平，则接受零假设。

SPSS 提供的多独立样本非参数检验的方法主要包括中位数检验、Kruskal-Wallis 检验。

1）多独立样本的中位数检验（Median）

中位数检验通过对多组独立样本的分析，检验它们来自的总体的中位数是否存在显著差异。其原假设是：多个独立样本来自的多个总体的中位数无显著差异。

其原理是如果多组独立样本的中位数无显著差异，则这个共同的中位数要处于每组样本的中间位置。检验步骤如下：

（1）首先将多组样本数据混合，按照升序排列，求出混合样本数据的中位数，并假定它是一个共同的中位数。

（2）计算每组样本中大于或小于这个共同中位数的样本数。如果每组中大于和小于这个中位数的样本数大致相等，则认为样本来自的多个独立总体的中位数无显著差异。

2）多独立样本的 Kruskal-Wallis（K-W）检验

多独立样本是一种推广的平均秩检验。检验多个样本的总体分布是否有差异，其基本方法是：

（1）首先将多组样本数混合，按升序排列，并求出每个数据的秩，然后分别求多组样本的秩的平均值，即平均秩。

（2）如果每组样本的平均秩大致相等，则认为样本来自的多个独立总体的分布无显著性差异。若各组样本的平均秩相差较大，则认为多个独立总体的分布差异显著。

9.5.2 案例分析

【案例 9-5】 测得某大学 33 名三个不同专业男生的最大吸氧量（单位：升/分），见图 9.15 所示。问该学校不同专业男生最大吸氧量差异是否显著？

（1）进入 SPSS，设置变量"最大吸氧量"和分组变量"group"。组别分别用 1、2、3 表示。建立数据文件，如图 9.15 所示。

（2）打开"分析"菜单→"非参数检验"→"旧对话框"→"K 个独立样本"命

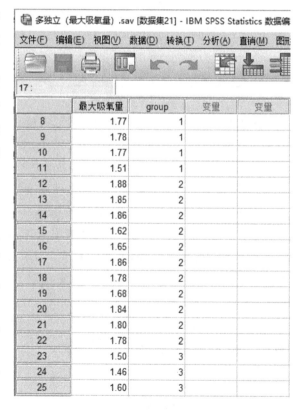

图 9.15 "多独立样本非参数检验"数据

令,进入"多个独立样本检验"主对话框,如图 9.16 所示。

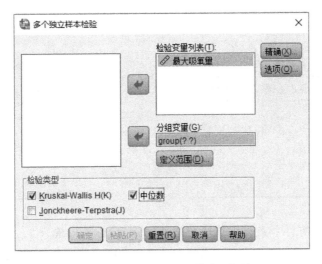

图 9.16 "多个独立样本检验"对话框

具体步骤如下:
① 将左侧变量文本框中的变量"最大吸氧量"选择进入右侧"检验变量列表"。
② 将分组变量"group"选择进入"分组变量"框。
③ 点击"定义范围"按钮,弹出下一级对话框,如图 9.17 所示,设置最小值为"1",最大值为"3",表示 3 组样本检验。点击"继续"按钮,回到图 9.16 主对话框。

图 9.17 "组别范围"对话框　　图 9.18 "多自变量样本:选项"对话框

④ 在图 9.16 中"检验类型"区域,选择"Kruskal-Wallis"和"中位数",表示两种检验方法同时进行。
⑤ 在图 9.16 中,点击右侧"选项"按钮,弹出二级"选项"对话框。设置如图 9.18 所示。点击"继续"按钮回到图 9.16 主对话框,单击"确定"按钮即可。

(3) 结果输出。
① 多独立样本 K-W 检验结果

表 9.17 "最大吸氧量"的基本描述性统计量

样本含量	均值	标准差	极小值	极大值
33	2.00	0.829	1	3

表 9.18 "最大吸氧量"秩统计结果

组别	样本含量	秩均值
第一组	11	14.59
第二组	11	26.18
第三组	11	10.23
总数	33	

表 9.19 "K-W"检验结果

统计量	值
卡方	16.035
df	2
渐近显著性	0.000

表 9.17 显示所有样本最大吸氧量的基本统计量,如平均值为 2。表 9.18 给出了三组样本的平均秩,分别是 14.59、26.18、10.23。表 9.19 中检验的卡方值为 16.035,对应的相伴概率 $P=0.000<0.05$,说明三组最大吸氧量有显著性差异。

② 中位数检验结果

表 9.20 "中位数"统计结果

条件		第一组	第二组	第三组
最大吸氧量	＞中位数	5	9	0
	≤中位数	6	2	11

表 9.21 检验结果

统计量	值	统计量	值
样本含量	33	df	2
中位数	1.650 0	渐近显著性	0.001
卡方	15.135		

从表 9.20 可以看出,第一组样本数据中大于共同中位数的有 5 个,小于共同中位数的有 6 个;第二组样本数据中大于共同中位数的有 9 个,小于共同中位数的有 2 个;第三组样本数据中大于共同中位数的有 0 个,小于共同中位数的有 11 个。

表 9.21 显示,显著性概率 $P=0.001<0.05$,说明三组最大吸氧量有显著差异。

9.6 多配对样本非参数检验

9.6.1 基本概念和方法

多配对样本非参数检验是对多个配对样本来自的总体分布是否存在显著性差异进行

统计分析。一般零假设 H_0 为:样本来自的多个配对总体的分布没有显著性差异。SPSS 计算给出相应的概率值,若相伴概率小于给定的显著性水平,则拒绝零假设 H_0;若相伴概率值大于给定的显著性水平,则接受零假设。

SPSS 中有 3 种多配对样本非参数检验方法。

1) 多配对样本的 Friedman 检验

多配对样本的 Friedman 检验是利用秩实现多个配对总体分布检验的一种方法,Friedman 检验要求数据是连续型的。其原理是:首先将各组样本数据按照升序排列,求得各个样本数据在各组中的行秩,接着计算各组样本的秩总和及平均秩。若多配对样本来自的总体分布存在显著差异,则数值较大的组,秩和必然较大,数值较小的组,秩和必然偏小,各组的平均秩之间就会存在显著差异。若各组样本的平均秩大致相当,则认为各组样本来自的总体分布无显著性差异。

2) 多配对样本的肯德尔和谐系数(Kendall's W)检验

由于在体育评估过程中存在尺度不统一和主观评分的问题,因而各评估主体的评分往往差异较大,从分析差异结果来看,有些是在允许的误差范围之内,有些属异常情况。因此,在得到评估数据之后,我们有必要对这些数据做非参数检验,提高评估的质量,以明确评分的一致性程度。客观性常用的评估方法有相关系数法、肯德尔和谐系数和方差分析法。若评委只有两位时,计算客观系数可用积差相关法(计量数据)和等级相关系数法(计数数据),若评委是三位或三位以上时可用肯德尔和谐系数,它主要用在分析评判者的判别标准是否一致公平方面。

首先各评价人员独立对每位评价对象评分,其次将打分结果转换为秩名(名次),然后根据秩名计算肯德尔和谐系数,最后进行检验。方差分析主要检验组间方差是否具有显著意义,侧重研究评委之间的测量结果的变异程度。而肯德尔和谐系数检验将每个评判对象的分数都看作是来自多个配对总体的样本。一个评判对象对不同的被评判对象的分数构成一个样本。

(1) 肯德尔和谐系数计算原理及方法

设 $A_1, \cdots, A_t$ 表示不同的评价人员;$B_1, \cdots, B_s$ 表示各评价对象;C_{ij} 表示第 i 个评价人员对第 j 个评价对象打分结果的秩名(名次编号),则得到如下的 $t \times s$ 二维列联表,见表 9.22 所示。

表 9.22　$t \times s$ 二维列联表

编号	B_1	B_2	$\cdots$	B_s
A_1	C_{11}	C_{12}	$\cdots$	C_{1s}
$\vdots$	$\vdots$	$\vdots$	$\vdots$	$\vdots$
A_t	C_{t1}	C_{t2}	$\cdots$	C_{ts}
名次和 R	R_1	R_2	$\cdots$	R_s

① 计算名次和 $\sum R$、平方和及离差平方和(L);

② 计算肯德尔和谐系数 $W = \dfrac{12L}{k^2(n^3 - n)}$,式中:$k$——评价者的人数;$n$——受试者的人数;$L$——受试者名次之和的离差平方和。

（2）肯德尔和谐系数检验步骤

① 建立原零假设 H_0 为：样本来自的多个配对总体的分布无显著差异，即评判者的评判标准不一致。

② 计算检验统计量：$\chi^2 = k(n-1)W$。

③ 确定临界值，$\alpha = 0.05$，查 χ^2 值表。

（3）判断检验结果

如果相伴概率小于或者等于用户的显著性水平，则应拒绝零假设，认为评价标准一致；如果相伴概率大于用户的显著性水平，则接受零假设，认为评价标准不一致。

3）多配对样本的 Cochranis Q 检验

多配对样本的 Cochranis Q 检验也是对多个配对样本总体分布是否存在显著性差异的统计检验。不同的是多配对样本的 Cochranis Q 检验所能处理的数据是二分类值（0 和 1）。

9.6.2 Friedman 检验案例分析

【案例 9-6】 为检验某种有氧运动在降低血糖浓度方面的功效，测试 8 名受试者在实施运动干预方案前以及应用一周、两周、三周后的血糖浓度。问在这 4 个时期，8 个人的血糖浓度是否发生显著的变化。数据如图 9.19 所示。

（1）进入 SPSS 变量视图，设置变量"pre""post1""post2""post3"，分别表示干预前、一周后、两周后、三周后的血糖浓度。进入数据视图，建立数据文件如图 9.19 所示。

	pre	post1	post2	post3
1	95	95	89	83
2	95	94	88	84
3	106	105	87	90
4	98	97	95	90
5	102	98	97	88
6	112	112	101	94
7	105	103	97	88
8	95	92	90	80

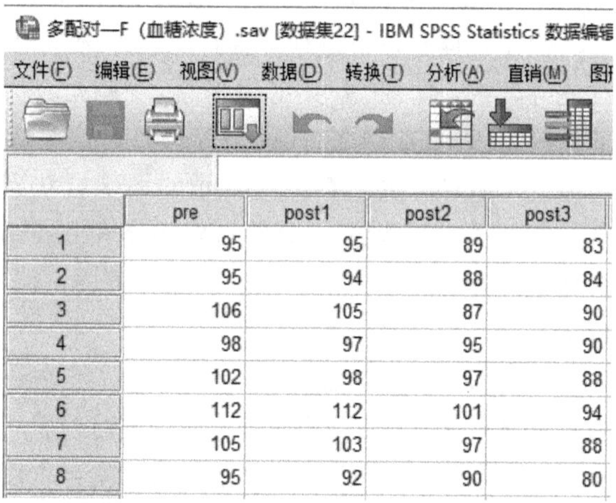

图 9.19 Friedman 检验数据文件（血糖浓度）

（2）打开"分析"菜单→"非参数检验"→"旧对话框"→"K 个相关样本"命令。弹出"多个关联样本检验"对话框，如图 9.20 所示。

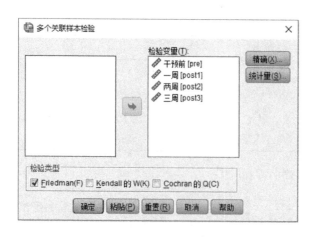

图 9.20 "多个关联样本检验"主对话框

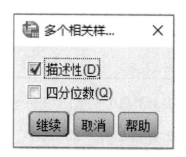

图 9.21 "统计量"对话框

① 将左侧变量文本框中的 4 个变量全部选择进入右侧"检验变量"文本框。

② 血糖浓度属于连续型变量。因此,在下方"检验类型"区域选择"Friedman"检验方法。

(3) 在图 9.20 中,点击右侧"统计量"标签,弹出下一级对话框,如图 9.21 所示,选择"描述性",点击"继续"按钮回到图 9.20 的主对话框,单击"确定"按钮即可。

(4) 结果输出。

表 9.23 显示了多配对样本的 Friedman 检验基本描述性统计结果,如均值、标准差、极大(小)值。可见,运动干预后一周、两周、三周后的血糖浓度均值有下降趋势。

表 9.23 Friedman 检验基本描述性统计量

时间	样本含量	均值	标准差	极小值	极大值
干预前	8	101.00	6.325	95	112
一周	8	99.50	6.698	92	112
两周	8	93.00	5.155	87	101
三周	8	87.13	4.518	80	94

表 9.24 Friedman 检验的秩统计表

时间	秩均值
干预前	3.88
一周	3.13
两周	1.88
三周	1.13

表 9.25 检验结果

统计量	值
样本含量	8
卡方	22.462
自由度	3
渐近显著性	0.000

表 9.24 中显示 4 个阶段血糖浓度平均秩分别为 3.88、3.13、1.88、1.13。

从表 9.25 可以看出,卡方统计量为 22.462,对应的相伴概率为 $P=0.000<0.05$,故拒绝零假设,认为运动干预的 4 个阶段血糖浓度显著下降。

9.6.3 Kendalli's W 检验案例分析

【案例 9-7】 某届全国体操锦标赛跳马项目,根据统一评分标准,五位评委对三位体操运动员进行评分,成绩如表 9.26 所示,试问这五位评委对这三位运动员技术水平的评价标准是否一致?

表 9.26 三位运动员跳马成绩

评委	运动员甲	运动员乙	运动员丙
1	8.75	8.8	8.25
2	9.50	9.50	10.00
3	9.60	9.10	9.10
4	8.50	8.90	9.20
5	9.10	9.65	9.20

（1）分析。

本案例的目的是通过判定五位评委评分结果是否一致，从而评价本次比赛的客观性。若评委因人而异，评价结果一致性差，则评价的客观性（信度）降低。方差分析是为检验这三位选手之间实际是否存在显著差异，而非检验这五位评委的判断标准是否一致，且从评委数量判断不适合做相关系数分析。解决此类问题的方法是多配对样本的肯德尔和谐系数（Kendall's W）检验。

统计假设 H_0：五位评委对三位运动员技术水平的评价标准不一致。

（2）在 SPSS 变量视图中设置变量"score1""score2""score3"，分别表示五位评委对三名运动员的评分。进入数据视图，建立数据文件，如图 9.22 所示。

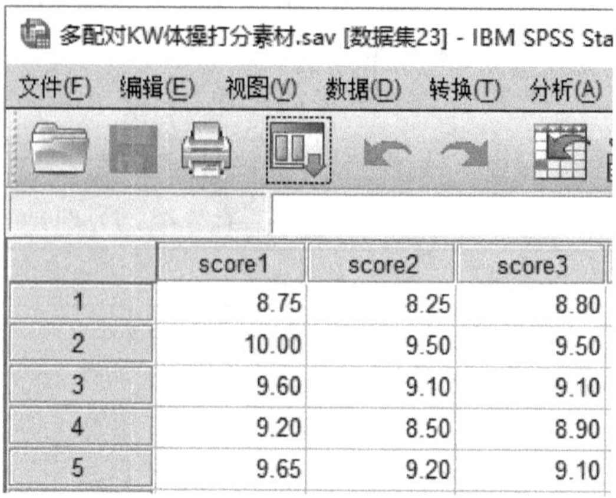

图 9.22 Kendall's W 检验数据文件

（3）打开"分析"菜单→"非参数检验"→"旧对话框"→"K 个相关样本"命令。进入"多个关联样本检验"对话框，如图 9.23 所示。具体设置步骤如下：

① 将左侧变量文本框中 3 个变量全部选择进入右侧"检验变量"文本框。

② 在下方"检验类型"区域选择"Kendall's W"检验方法。

③ 点击图 9.23 主对话框右侧的"统计量"标签，弹出下一级对话框，如图 9.24 所示。选择"描述性"，点击"继续"按钮，回到图 9.23 主对话框，点击"确定"按钮即可。

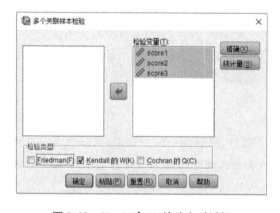

图 9.23 Kendall's W 检验主对话框

图 9.24 Kendall's W "统计量"对话框

（4）结果讨论。

表 9.27 "三名运动员得分"描述性统计结果

评分	样本含量	均值	标准差	极小值	极大值
score1	5	9.440 0	0.478 80	8.75	10.00
score2	5	8.910 0	0.517 69	8.25	9.50
score3	5	9.080 0	0.268 33	8.80	9.50

从表9.27中可以看出,三位运动员的得分平均值、方差、最小值和最大值。

表9.28 平均秩统计结果

评分	秩均值	评分	秩均值
score1	2.80	score3	1.80
score2	1.40		

表9.28显示三组样本的平均秩,分别为2.8、1.4和1.8。

表9.29 检验结果

统计量	值	统计量	值
样本含量	5	自由度	2
卡方	5.778	渐近显著性	0.056
Kendall's W	0.578		

表9.29显示,卡方统计量为5.778,K-W系数是0.578,小于1,相伴概率$P=0.056>0.05$,接受零假设,即五位评委的标准不太一致。

9.6.4 Cochran's Q 检验案例分析

【案例9-8】 如果案例9-7中,五位评委对三位学生某项运动技能水平所做主观评价如下,"1"表示合格,"0"表示不合格(以9.2分为判断标准),数据文件如图9.25所示。问这五位评委对三位学生的评价标准是否一致?($\alpha = 0.05$)

图9.25 Cochran's Q 检验数据文件

(1) 分析。

本题仍然是分析评判者的判别标准是否一致公平的问题,与案例9-7所不同是评价结果比较特殊,只出现"二值"。对于这种情况,选择多配对样本的Cochran's Q检验,它也是对多个互相匹配样本总体分布是否有显著性差异的统计检验,不同的是多配对样本的Cochran's Q检验所能处理的数据是二值的(0和1)。

统计假设 H_0:五位评委对三位学生运动技能水平的评价标准不一致。

(2) 选择"分析"菜单→"非参数检验"→"旧对话框"→"K 个相关样本"命令。操作同案例 9-7,但"检验类型"选择"Cochran's Q"即可,如图 9.26 所示。点击"确定"按钮即可。

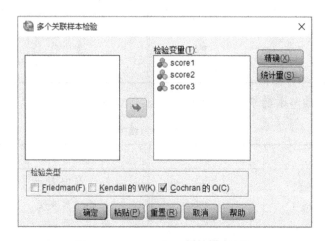

图 9.26 Cochran's Q 检验主对话框

(3) 结果分析。

表 9.30 描述性统计结果

评分	不合格	合格
score1	2	3
score2	3	2
score3	4	1

从表 9.30 中可以看出,对于运动员 1,有 3 个裁判认为合格,2 个裁判认为不合格;对于运动员 2,有 2 个专家认为合格,3 个专家认为不合格;对于运动员 3,有 1 个专家认为合格,4 个专家认为不合格。

表 9.31 Cochran's Q 检验结果

统计量	值	统计量	值
样本含量	5	自由度	2
Cochran's Q	3.000	渐近显著性	0.223

表 9.31 结果显示,Cochran's Q 统计量为 3.000,相应的显著性概率 $P=0.223>0.05$,故接受零假设,即认为评判标准一致度不够。

10 卡方检验

统计分析时,首先要判断变量的类别,才能选择相应的处理方法。变量大致分为定量(连续型)变量和定性(分类)变量两大类。在 SPSS 中,分类变量包括名义型和顺序型。名义型变量即使赋值后,也不能比较大小。顺序型变量虽然有好坏、优劣、大小之分,但仍然不能进行四则运算。比如前面介绍的假设检验和方差分析是对样本所在的总体定量变量的平均水平进行差异比较。本章的卡方检验主要是对定性的分类变量进行统计推断,属于非参数检验,主要检验分布,而不是总体参数。该方法应用较为广泛。

10.1 卡方检验解决的常见问题类别

(1) 对于某个分类变量,其各类的出现概率是否与已知概率符合。
(2) 针对两个分类变量,检验它们之间的关联程度。
(3) 针对两种方法的结果,检验其是否一致。

10.2 卡方检验的基本概念和方法

1) 基本原理

卡方检验就是统计样本的实际观测值与理论推断值之间的偏离程度,实际观测值与理论推断值之间的偏离程度决定卡方值的大小,偏差越大,卡方值越大;偏差越小,卡方值越小。若两个值完全相等时,卡方值就为 0,表明理论值完全符合实际观测值。

2) 基本步骤

卡方检验的数据通常以独立四格表资料呈现。

假设有两个分类变量 X 和 Y,它们的值域分别为 $\{x_1, x_2\}$ 和 $\{y_1, y_2\}$,其样本独立四格表(频数列表)如表 10.1 所示。

表 10.1 卡方检验数据的频数列表

频数	y_1 频数	y_2 频数	总计频数
x_1 频数	a	b	$a+b$
x_2 频数	c	d	$c+d$
总计频数	$a+c$	$b+d$	$a+b+c+d$

若要推断的论述为:"X 与 Y 有关系",可以利用独立性检验来考察两个变量是否有关系,并且能较精确地给出这种判断的可靠程度。具体的做法是,由表中的数据算出检验统计量 χ^2 的值。

$$\chi^2 = \frac{n(ad-bc) \cdot 2}{(a+b)(c+d)(a+c)(b+d)}$$，χ^2 的值越大,说明"X 与 Y 有关系"成立的可能性越小。

3) 应用条件

要求样本含量应大于 40 且每个格子中的理论频数不应小于 5。当样本含量大于 40,但理论频数大于等于 1 且小于 5 时,卡方值需要校正,当样本含量小于 40 或理论频数小于 1 时只能用确切概率法计算概率。

10.3 单样本案例分析

单样本卡方检验是从定类样本数据出发,推断其总体取值水平概率与给定的已知概率相符,即单样本率和总体率的比较,也可以看成是拟合问题。率是分类变量常用的指标。率是表示某种现象实际发生的案例数与可能发生该现象总案例数之比,用来说明某现象发生的频率或强度,常用 100 作为比例基数,如青少年体质下降率。

【**案例 10-1**】 对某省运动员进行一次调查问卷,考察其抽样数据的性别分布是否均衡。样本数据如图 10.1 所示。通常人群性别比例是 1∶1。

(1) 根据调查问卷信息建立 SPSS 文件"运动员问卷调查.sav",其中定类变量"sex"代表性别,赋值 1=男,2=女。如图 10.1 所示。

图 10.1 某省运动员问卷调查数据

(2) 打开"分析"菜单→"非参数检验"→"旧对话框"→"卡方"命令,进入"卡方检验"主对话框,如图 10.2 所示。步骤如下:

① 将左侧变量文本框中的变量"性别"选择进入右侧的"检验变量列表"文本框。
② "期望全距"区域选择"从数据中获取"。
③ "期望值"区域选择"所有类别相等"。
④ 点击"确定"按钮即可。

图 10.2 "卡方检验"主对话框

（3）结果输出。

表 10.2 变量"性别"频数表

性别	观察数	期望数	残差
男	24	23.5	0.5
女	23	23.5	−0.5
总数	47		

表 10.3 "性别"卡方检验统计量

统计量	值
卡方	0.021
自由度	1
渐近显著性	0.884

表 10.2 显示了样本数据中定类变量"性别"的分类及其观察数、期望数和残差。本案例样本量满足要求。

表 10.3 是对"性别"进行卡方检验的结果，包括卡方统计量、自由度和卡方分布近似概率值。卡方统计量是 0.021，自由度是 1，对应的检验概率 $P=0.884>0.05$，可以认为此次抽样数据的性别分布无明显差异。

10.4 一般卡方案例分析

【案例 10-2】 某篮球队在一次训练中，甲运动员灌篮 135 次，失误 28 次；乙运动员灌篮 151 次，失误 36 次。问两名运动员的灌篮技术差异是否显著？

（1）在 SPSS 变量视图中设置 3 个变量，分别是运动员、灌篮结果、count（频数）。如甲运动员灌篮失误的次数为 28，即其对应的 count 值为 28。切换到数据视图，输入数据建立文件，如图 10.3 所示。

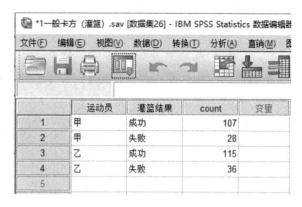

图 10.3 "一般卡方检验"数据（灌篮）

（2）打开"数据"菜单→"权重"命令，弹出"加权个案"对话框，如图 10.4 所示。将左侧变量文本框中的变量"count"选择进入右侧的"频率变量"文本框，并选择"加权个案"，点击"确定"按钮即可。

（3）打开"分析"菜单→"描述统计"→"交叉表"命令，弹出"交叉表"主对话框，如图 10.5 所示。步骤如下：

① 将左侧变量文本框中的变量"运动员"选择进入右侧的"行"文本框。

② 将左侧变量文本框中的变量"灌篮结果"选入右侧的"列"文本框。

③ 在图 10.5 中，点击右侧"统计量"标签，弹出"交叉表：统计量"对话框，如图 10.6 所示。选择"卡方"检验，点击"继续"按钮，回到图 10.5 主对话框。

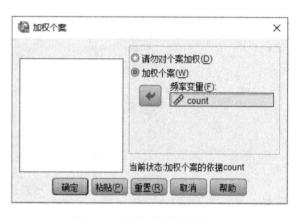

图 10.4 "加权个案"对话框

（4）在图 10.5 主对话框中，点击右侧"单元格"标签，弹出"单元显示"对话框，如图 10.7 所示。

图 10.5 "交叉表"主对话框

① 在"计数"区域选择"观察值"。
② 在"非整数权重"选择"四舍五入单元格计数"。
③ 单击"继续"按钮回到图 10.5 的主对话框,单击"确定"按钮即可。

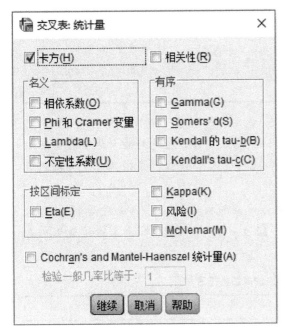

图 10.6 "交叉表:统计量"对话框

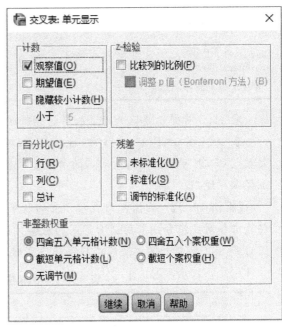

图 10.7 "交叉表:单元显示"对话框

(4) 结果输出。

表 10.4 基本统计结果

交叉项	有效		缺失		合计	
	样本含量	百分比	样本含量	百分比	样本含量	百分比
运动员 * 灌篮结果	286	100.0%	0	0.0%	286	100.0%

由表 10.4 可知,有效样本为 286 个。

表 10.5 交叉分层频数结果

交叉项		灌篮结果		合计
		成功	失败	
运动员	甲	107	28	135
	乙	115	36	151
	合计	222	64	286

表 10.6 卡方检验结果

统计量	值	自由度	渐进概率 P（双侧）	精确概率 P（双侧）	精确概率 P（单侧）
Pearson 卡方	0.394	1	0.530		
连续校正	0.236	1	0.627		
似然比	0.395	1	0.529		
Fisher 的精确检验				0.571	0.314
有效案例中的样本含量	286				

表 10.5 对样本数据进行了基本的频数统计。

表 10.6 显示，Pearson 卡方、连续校正、对数似然比这三种方法进行的卡方检验结果均大于 0.05，则可以认为两运动员的灌篮技术差异不显著。值得注意的是似然比卡方检验对小样本也适用。

【案例 10-3】 为探索新教学方法的效果，在某年级随机抽取 100 人，分成两个教学班，实验班和对照班分别采用新旧不同的教学方法。经过一个学期的教学，期末成绩数据如表 10.7 所示。问新教学方法能否提高体育成绩？

表 10.7 不同教学方法的成绩数据表

等级	优秀	良好	及格	不及格
实验班	9	17	23	6
对照班	5	13	17	10

（1）打开 SPSS 变量视图，设置 3 个变量，分别是"班级""等级""count（频数）"。进入数据视图建立数据文件，如图 10.8 所示。

图 10.8 "教学质量"一般卡方数据文件

(2)打开"分析"菜单→"描述统计"→"交叉表"命令,弹出下一级对话框,如图 10.9 所示。步骤如下:

①将左侧变量文本框中的变量"班级"调入右侧"行"文本框,将变量"等级"调入右侧的"列"文本框。

②后续步骤同案例 10-2。

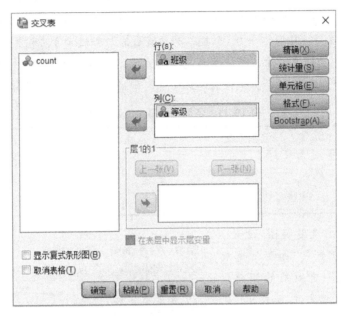

图 10.9 "教学质量"的交叉表对话框

(3)结果讨论。

表 10.8 基本统计结果

交叉项	有效		缺失		合计	
	样本含量	百分比	样本含量	百分比	样本含量	百分比
班级*等级	100	100.0%	0	0.0%	100	100.0%

表 10.8 显示,本案例中有效样本含量是 100。

表 10.9 "班级*等级"交叉分层频数表

班级	不及格	及格	良好	优秀	合计
对照班	10	17	13	5	45
实验班	6	23	17	9	55
合计	16	40	30	14	100

表 10.9 中描述了实验班和对照班中的各等级人数。

表 10.10 卡方检验结果

统计量	值	自由度 df	渐进概率 P(双侧)
Pearson 卡方	2.602	3	0.457
似然比	2.606	3	0.456
有效案例中的样本含量	100		

表 10.10 是本案例的卡方检验结果,其中 Pearson 卡方检验 $P=0.457$,对数似然比检验 $P=0.456$,均大于显著性检验水平 0.05,则认为体育成绩与新教学方法相关性并不是很强。

【案例 10-4】 为研究游泳与患慢性鼻炎有无关系,随机抽测游泳专业与田径专业的学生进行比较,结果如表 10.11 所示。试检验游泳专业与田径专业学生患慢性鼻炎率是否相同?

表 10.11 不同专业鼻炎率数据表

专业	患病人数	未患病人数	合计
游泳	25	75	100
田径	7	73	80
合计	32	148	180

(1) 进入 SPSS 变量视图,设置 3 个变量,分别是"专业"、"鼻炎"(患病和未患病)、"计数"(即对应的频数)。在数据视图建立数据文件,如图 10.10 所示。

(2) 点击"数据"菜单→"权重"命令,弹出"加权个案"对话框,如图 10.11 所示。将左侧变量文本框中的变量"计数"选择进入右侧"频率变量",点击"确定"按钮即可。

(3) 打开"分析"菜单→"描述"→"交叉表"命令,弹出"交叉表"主对话框进行设置,如图 10.12 所示。步骤如下:

① 将左侧变量文本框中的变量"鼻炎"选择进入右侧"行"文本框,将左侧变量"专业"选入右侧"列"文本框。

② 点击右侧标签"统计量",弹出"交叉表:统计量"对话框,设置同图 10.6 所示。

③ 点击图 10.12 中右侧标签"单元格",设置"单元格"对话框,如图 10.13 所示。首先在"计数"区域选择

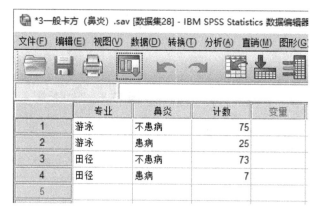

图 10.10 不同专业鼻炎率的数据文件

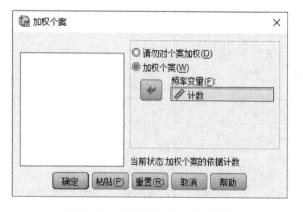

图 10.11 "计数"加权个案对话框

"观察值";其次,与之前不同的是,还需在"百分比"区域选择"行",因为本案例是"率"的比较。点击"继续"按钮回到图10.12主对话框,单击"确定"按钮即可。

图 10.12 "鼻炎"交叉表对话框

图 10.13 "鼻炎"单元显示对话框

(4) 结果讨论。

表 10.12 基本统计量表

交叉项	有效		缺失		合计	
	样本含量	百分比	样本含量	百分比	样本含量	百分比
鼻炎 * 专业	180	100.0%	0	0.0%	180	100.0%

表 10.12 显示,本案例中有效样本含量是 180。

表 10.13 "不同专业鼻炎率"交叉分层表

鼻炎	统计量	专业		合计
		田径	游泳	
不患病	计数	73	75	148
	不同专业鼻炎未患病率百分比	49.3%	50.7%	100.0%
患病	计数	7	25	32
	不同专业鼻炎患病率百分比	21.9%	78.1%	100.0%
合计	计数	80	100	180
	不同专业占总人数的百分比	44.4%	55.6%	100.0%

表 10.13 给出了不同专业鼻炎患病率及未患病率的百分比。如田径专业患鼻炎的百分比是 21.9%,而游泳专业患鼻炎的百分比是 78.1%,游泳专业的鼻炎患病率相对较高。

表 10.14　卡方检验结果

统计量	值	自由度	渐进概率 P（双侧）	精确概率 P（双侧）	精确概率 P（单侧）
Pearson 卡方	8.029	1	0.005		
似然比	8.541	1	0.003		
Fisher 的精确检验				0.006	0.003
有效案例中的样本含量	180				

表 10.14 显示了卡方检验的结果,与显著性概率 0.05 比较,Pearson 卡方和对数似然比卡方检验值均小于 0.05,有显著性差异,故认为鼻炎患病率与专业有较强相关性。

【案例 10-5】　在某市中学生中调查达到国家体育锻炼标准的情况,随机抽测男生 500 人,结果达标 240 人;女生 400 人达标 228 人,试检验该市中学男女生达标率差异有无显著意义?

图 10.14　"体育测试"数据文件

(1) 打开 SPSS 变量视图,设置变量"性别""体测等级""人数",进入数据视图建立数据文件,如图 10.14 所示。

(2) 打开"分析"菜单→"描述统计"→"交叉表"命令,弹出下一级菜单,如图 10.15 所示。

将左侧变量文本框中的变量"性别"调入右侧"行"文本框,将变量"体测等级"调入右侧"列"文本框。后续操作同案例 10-4。

图 10.15　"体测"交叉表对话框

(3) 结果讨论。

表 10.15　基本统计表

交叉项	有效		缺失		合计	
	样本含量	百分比	样本含量	百分比	样本含量	百分比
性别 * 体测等级	900	100.0%	0	0.0%	900	100.0%

表 10.15 显示有效样本含量为 900。

表 10.16　"性别 * 体测等级"交叉分层表

性别	统计量	体测等级		合计
		不达标	达标	
男	计数	260	240	500
	男生体测等级百分比	52.0%	48.0%	100.0%
女	计数	172	228	400
	女生体测等级百分比	43.0%	57.0%	100.0%
合计	计数	432	468	900
	不同等级的总百分比	48.0%	52.0%	100.0%

表 10.16 显示不同性别中体质测试等级的百分比(达标率)。如男生的体测达标率是 48%，不达标率是 52%；女生的体测达标率是 57%，不达标率是 43%。

表 10.17　卡方检验结果

统计量	值	自由度	渐进概率 P（双侧）	精确概率 P（双侧）	精确概率 P（单侧）
Pearson 卡方	7.212	1	0.007		
对数似然比	7.226	1	0.007		
Fisher 的精确检验				0.007	0.004
有效案例中的样本含量	900				

表 10.17 中 Pearson 卡方和对数似然比卡方检验概率值均为 0.007，小于给定的显著性水平 0.05，说明此次体质测试的达标率与性别相关性较强。

10.5　配对卡方案例分析

【案例 10-6】 两位专家对一批运动员独自做出了分级判断，见表 10.18 所示。问他们的判断结果是否一致？

表 10.18　专家评级数据表

专家甲		专家乙			
		健将级	一级	二级	合计
	健将级	31	16	0	47
	一级	2	52	11	65
	二级	0	8	44	52
	合计	33	76	55	164

(1) 分析。

这是一个典型的分类数据配对问题,针对同一批研究对象,根据研究目的判断一致性问题用配对卡方检验。

(2) 根据表 10.18 的数据,进入 SPSS 设置变量"专家甲""专家乙"和频数"count"。在数据视图中输入相应数据,建立数据文件如图 10.16 所示。

(3) 打开"数据"菜单→"权重"命令,进入"加权个案"对话框,如图 10.17 所示。将左侧变量文本框中的变量"count"选入右侧的"频率变量"框。点击"确定"按钮即可。

(4) 打开"分析"菜单→"描述统计"→"交叉表"命令,弹出"交叉表"对话框,如图 10.18 所示。具体设置步骤如下:

图 10.16　配对卡方数据

图 10.17　配对卡方"加权个案"对话框

① 将左侧变量文本框中的变量"专家甲"选入右侧"行"文本框,将变量"专家乙"选入右侧"列"文本框。

② 单击图 10.18 中右侧的"统计量"标签,弹出"统计量"对话框,如图 10.19 所示。选择"卡方"选项,对于一致性卡方检验,还需选择"Kappa""McNemar"检验法。点击"继续"按

钮,回到图10.18主对话框,单击"确定"按钮即可。

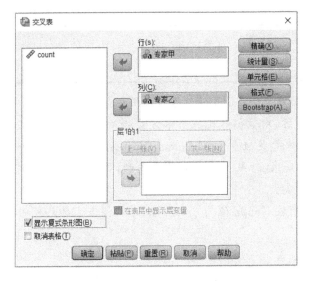

图10.18 配对卡方"交叉表"对话框　　图10.19 配对卡方"统计量"对话框

(5)结果讨论。

表10.19 基本统计结果

交叉项	有效		缺失		合计	
	样本含量	百分比	样本含量	百分比	样本含量	百分比
专家甲 * 专家乙	197	100.0%	0	0.0%	197	100.0%

表10.20 专家评级分层统计表

专家甲	专家乙			合计
	二级	健将级	一级	
二级	44	0	8	52
健将级	0	31	16	47
一级	44	2	52	98
合计	88	33	76	197

表10.21 配对卡方检验结果

统计量	值	自由度	渐进概率 P(双侧)
Pearson 卡方	141.705	4	0.000
似然比	147.654	4	0.000
McNemar-Bowker 检验	35.812	2	0.000
有效案例中的样本含量	197		

表10.22 Kappa 一致性检验结果

统计量	值	渐进标准误差	近似值 T	近似值概率 P
一致性度量 Kappa	0.454	0.053	9.195	0.000
有效案例中的样本含量	197			

表10.19显示有效样本含量是197。表10.20显示了两位专家评级的频数。

在表10.21中,首先给出了Pearson卡方、对数似然比配对卡方检验结果$P=0.000<0.05$,显示两位专家评判的结果差异显著;其次成组卡方McNemar-Bowker检验结果$P=0.000$,这用于反映两个专家的判断是否有关系,结果说明两者是相关的,即被专家甲评判为等级较高的运动员,专家乙评判等级也较高。

表10.22为Kappa一致性检验结果,相应Kappa值为0.454,认为两位专家的评判一致性中等。

根据Kappa值判断一致性的一般规则:0.0~0.20极低的一致性(slight)、0.21~0.40一般的一致性(fair)、0.41~0.60中等的一致性(moderate)、0.61~0.80高度的一致性(substantial)和0.81~1几乎完全一致(almost perfect)。

10.6 分层卡方案例分析

【案例10-7】 对某体育院校两个专业学生进行方法A与方法B的两种心理训练后,观察的反应情况分为有效、无效两种结果。请分析心理训练方法与反应情况有无关系,统计数据如表10.23所示。

表10.23 不同专业两种心理训练方法的比较(单位:人)

效果	体育教育专业		体育新闻专业	
	方法A	方法B	方法A	方法B
有效	20	27	17	80
无效	15	60	8	87
合计	35	87	25	167

(1) 分析。

本案例中专业是一个混杂因素,也需要考虑,因此进行分层卡方检验。

(2) 进入SPSS,在变量视图中设置4个变量:"效果"(有效、无效)、"心理训练方法"(A、B)、"专业"(体育教育、体育新闻)、"count"(频数)。如图10.20所示。

(3) 打开"数据"菜单→"权重"命令,进入"加权个案"命令,如图10.21所示。将左侧变量文本框中变量"count"选入右侧"频率变量"文本框,点击"确定"按钮即可。

(4) 打开"分析"菜单→"描述统计"→"交叉表"命令。弹出"交叉表"对话框,如图10.22所示。具体步骤如下:

① 将左侧变量文本框中"效果"变量选入右侧"行"文本框,将变量"心理训练方法"选入

右侧"列"文本框,将变量"专业"选入右侧"层1"文本框,表示按专业进行分层。

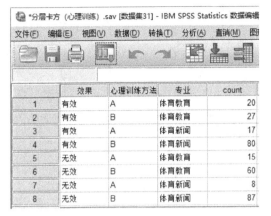

图 10.20　分层卡方数据文件

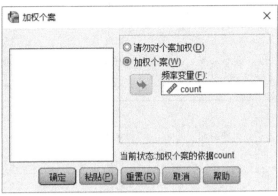

图 10.21　分层卡方"加权个案"对话框

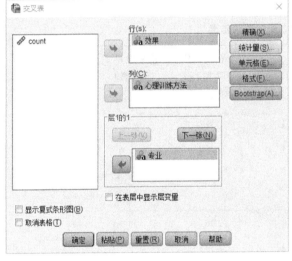

图 10.22　分层卡方"交叉表"对话框

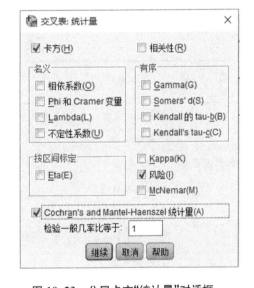

图 10.23　分层卡方"统计量"对话框

② 单击图 10.22 主对话框中右侧"统计量"标签,弹出下一级"统计量"对话框,如图 10.23 所示。选择"卡方"选项,选择"Cochran's and Mantel-Haenszel 统计量"进行分层检验,同时勾选"风险"选项计算每层的优势比值。单击"继续"按钮回到图 10.22 主对话框,单击"确定"按钮即可。

(5) 结果讨论。

① 第一部分结论。

表 10.24 显示不同专业两种心理训练方法的频数统计结果。

观察表 10.25 中第五、六列的检验概率值,对于体育教育专业,概率值小于 0.05,训练方法与效果的相关性显著;对于体育新闻专业,训练方法与效果的相关性不显著。

表 10.24 不同专业不同心理训练方法频数分层表

专业	效果	心理训练方法		合计
		A	B	
体育教育	无效	15	60	75
	有效	20	27	47
	合计	35	87	122
体育新闻	无效	8	87	95
	有效	17	80	97
	合计	25	167	192
合计	无效	23	147	170
	有效	37	107	144
	合计	60	254	314

表 10.25 卡方检验结果

专业	统计量	值	自由度	渐进概率 P（双侧）	精确概率 P（双侧）	精确概率 P（单侧）
体育教育	Pearson 卡方	7.184	1	0.007		
	连续校正	6.124	1	0.013		
	似然比	7.069	1	0.008		
	Fisher 的精确检验				0.013	0.007
	有效案例中的样本含量	122				
体育新闻	Pearson 卡方	3.513	1	0.061		
	连续校正	2.755	1	0.097		
	似然比	3.587	1	0.058		
	Fisher 的精确检验				0.085	0.048
	有效案例中的样本含量	192				
合计	Pearson 卡方	7.464	1	0.006		
	连续校正	6.698	1	0.010		
	似然比	7.467	1	0.006		
	Fisher 的精确检验				0.009	0.005
	有效案例中的样本含量	314				

② 第二部分结论。

表 10.26 一致性检验的概率 $P=0.686$，说明层间具有同质性。

表 10.27 是分层卡方的检验结果。分层检验 $P=0.001<0.05$，Mantel-Haenszel 卡方

值为 9.443，说明若不考虑专业分层的因素，训练方法和效果之间相关性显著。

表 10.26 一致性检验结果

检验方法	卡方	自由度	渐进概率 P（双侧）
Breslow-Day	0.164	1	0.686
Tarone	0.163	1	0.686

表 10.27 分层卡方检验结果

检验方法	卡方	自由度	渐进概率 P（双侧）
Cochran's	10.444	1	0.001
Mantel-Haenszel	9.443	1	0.002

③ 第三部分结论。

表 10.28 统计及检验结果

	估计		0.379
	ln(估计)		−0.969
	ln(估计)的标准误差		0.307
	渐进概率 P（双侧）		0.002
渐进 95% 置信区间	一般概率比	下限	0.208
		上限	0.692
	ln(一般概率比)	下限	−1.571
		上限	−0.368

表 10.28 显示去除了专业混杂因素后的综合优势比值及自然对数值、可信区间和相应的 P 值，统计检验结论和前面一致，相应的估计优势比值是 0.379，表示不考虑专业的混杂效应时，心理训练方法 A 的提高效率可能性大约是方法 B 的 0.379 倍。

11 相关分析

11.1 两种不同的变量关系

1) 函数关系

当一个变量或几个变量的取值给定后,另一个变量必定有一个确定的数值与之对应,变量之间的这种关系称为函数关系。特点:

(1) 函数关系是一一对应的确定关系。

(2) 设有两个变量 x 和 y,变量 y 随变量 x 一起变化,并完全依赖于 x,当变量 x 取某个数值时,y 依确定的关系取相应的值,则称 y 是 x 的函数,记为 $y=f(x)$,其中 x 称为自变量,y 称为因变量。

(3) 各观测点落在一条线上。

2) 相关关系

当变量间存在着实际的相互影响、制约关系,其中一个或几个变量的变化会牵动影响另一个变量也发生某种程度的变化,但这种影响却无法像函数关系那样,可由一个或几个变量准确计算出另一个变量的确定值,变量之间的这种不确定的数量关系称为相关关系。

相关关系的特点:

(1) 变量间关系不能用函数关系精确表达。

(2) 一个变量的取值不能由另一个变量唯一确定。

(3) 当变量 x 取某个值时,变量 y 的取值可能有几个。

(4) 各观测点分布在直线周围。

衡量事物之间或变量之间线性相关程度的强弱,并用适当的统计指标表示出来,这个过程就是相关分析。为了能够更加准确地描述变量之间的线性相关程度,可以通过计算相关系数来进行相关分析。

相关系数是衡量变量之间相关程度的一个量值。

相关系数的特点:

(1) 对变量之间关系密切程度进行度量。

(2) 对两个变量之间线性相关程度的度量称为简单相关系数。

(3) 若相关系数是根据总体全部数据计算的,称为总体相关系数,记为 ρ。

(4) 表示两个变量之间线性相关的密切程度和相关方向的量数称为相关系数,用 r 表示。

$$r = \frac{\sum(x_i - \bar{x})(y_i - \bar{y})}{\sqrt{\sum(x_i - \bar{x})^2 \sum(y_i - \bar{y})^2}}$$

式中：x_i——变量 x 的各观察值；

y_i——变量 y 的各观察值；

$\bar{x}$——变量 x 的各观察值的均值；

$\bar{y}$——变量 y 的各观察值的均值。

相关系数的取值范围为 $-1 \leqslant r \leqslant 1$。若 $0 < r \leqslant 1$，表明 x 与 y 之间存在正线性相关关系；若 $-1 \leqslant r < 0$，表明 x 与 y 之间存在负线性相关关系；若 $r = 0$，表明 y 的取值与 x 无关，即 x 与 y 之间不存在线性相关关系。

SPSS 中对相关系数进行相应的检验：$P > 0.05$，相关系数无显著性意义；$P \leqslant 0.05$，相关系数有显著性意义；$P \leqslant 0.01$，相关系数有高度显著性意义。

在实际中，因为研究目的不同，变量的类型不同，采用的相关分析方法也不同。比较常用的相关分析是连续变量的相关分析、等级变量的相关分析、偏相关分析和距离相关分析。相关分析过程中比较常用的几个相关系数是 Pearson 简单相关系数、Spearman 和 Kendall-stau-b 等级相关系数。

11.2 连续变量的相关分析

11.2.1 基本概念和方法

连续型变量即 SPSS 中的度量变量，它的取值可以比较大小，可以用四则运算法计算，例如，"BMI"变量、"身高"变量、"体重"变量等都是典型的连续型变量。

Pearson 相关分析常用于衡量简单变量间的线性关系。根据 Pearson 简单相关系数 r，一般判断规则如下：$|r| \geqslant 0.7$，高度相关；$0.4 \leqslant |r| < 0.7$，中度相关；$|r| < 0.4$，低度相关。

11.2.2 案例分析

【案例 11-1】 测得 10 名学生原地纵跳成绩（单位：cm）和 50 m 行进间跑成绩（单位：s），如表 11.1 所示。计算学生原地纵跳与 50 m 行进间跑成绩间的相关系数。

表 11.1 纵跳成绩与 50 m 行进间跑成绩

学生编号	1	2	3	4	5	6	7	8	9	10
纵跳成绩	55	48	49	42	45	55	45	52	52	50
50 m 行进间跑成绩	6.2	6.0	6.5	7.4	6.8	6.6	7.3	6.1	6.4	6.5

(1) 打开 SPSS，进入变量视图设置变量"纵跳"和"50 m 行进间跑"，进入数据视图录入数据建立数据文件，如图 11.1 所示。

(2)打开"分析"菜单→"相关"→"双变量"命令,打开"双变量相关"对话框,如图 11.2 所示。具体步骤如下:

① 将左侧变量文本框中的变量"纵跳"和"行进间跑"逐一选择进入右侧"变量"文本框。

② "相关系数"区域选择"Pearson"方法。

③ "显著性检验"区域选择"双侧检验"。

④ 选择"标记显著性相关"项。

⑤ 单击"确定"按钮即可。

图 11.1 "学生原地纵跳和 50 m 行进间跑"数据文件

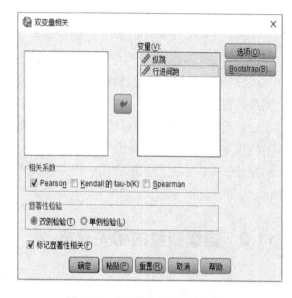

图 11.2 "双变量相关"对话框

(3)结果讨论。

表 11.2 Pearson 相关系数及检验

统计量	值	统计量	值
Pearson 相关性	1	样本含量 N	10
显著性概率 P(双侧)	0.022		

由表 11.2 可见,变量"原地纵跳"与"行进间跑"的 Pearson 相关系数为 1,其统计量的显著性概率 $P=0.022<0.05$,故拒绝零假设,说明两者之间有显著的相关关系。

【案例 11-2】 测得 7 名运动员肌肉拉力 X(kg)和肌肉收缩速度 Y(cm/s)的数据,求简单相关系数及其显著性水平检验。

表 11.3 肌肉拉力与肌肉收缩速度的数据

X	6.1	6.2	8.7	8.6	8.5	12.1	12.0
Y	27	17.2	16.2	11.1	10.1	10.3	5

(1)进入 SPSS 变量视图,设置变量"肌肉拉力"和"肌肉收缩速度",在数据视图中建立数据文件,如图 11.3 所示。

(2) 打开"分析"菜单→"相关"→"双变量"命令,弹出"双变量相关"对话框,如图 11.4 所示。具体步骤如下:

① 将左侧变量文本框中的变量"肌肉拉力"和"肌肉收缩速度"都选择进入右侧"变量"文本框。

② 选择"Pearson"相关系数和"双侧性检验",并选择"标记显著性相关"。

③ 单击"确定"按钮即可。

图 11.3 "肌肉拉力与肌肉收缩速度"数据文件

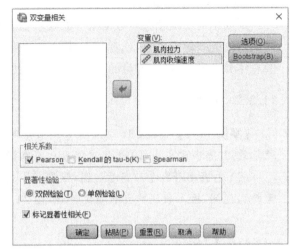

图 11.4 "肌肉拉力与肌肉收缩速度"双变量相关对话框

(3) 结果讨论。

表 11.4 显示,肌肉拉力与肌肉收缩速度的 Pearson 相关系数为 -0.802,对其进行显著性检验的 $P=0.03<0.05$,故拒绝零假设,认为肌肉拉力与肌肉收缩速度显著负相关。

表 11.4 相关检验结果

统计量	值	统计量	值
Pearson 相关性	-0.802	样本含量 N	7
显著性概率 P(双侧)	0.030		

11.3 等级变量相关分析

11.3.1 基本概念和方法

等级相关主要用于解决名义数据和顺序数据相关的问题,适用于两列变量,具有等级变量性质且有线性关系的数据。由英国心理学家、统计学家斯皮尔曼(Spearman)根据积差相关的概念推导而来,一些人把斯皮尔曼等级相关看作积差相关的特殊形式。其中,定序变量又称为有序(Ordinal)变量、顺序变量,它取值的大小能够表示观测对象的某种顺序关系(等级、方位或大小等)。例如,"运动员等级"变量的取值是:1=二级,2=一级,3=运动健将,4=国际级运动健将。由小到大的数值能够代表等级由低到高。

Spearman 等级相关系数的计算公式为：

$$r_s = 1 - \frac{6\sum d_i^2}{n(n^2-1)}$$

式中：r_s——秩相关系数；

d_i——两变量每一对样本的等级之差，即变量 x_i 与变量 y_i 之差；

n——样本含量。

斯皮尔曼等级相关对数据条件的要求没有积差相关系数严格，只要两个变量的观测值是成对的等级评定资料，或者是由连续变量观测资料转化得到的等级资料，不论两个变量的总体分布形态、样本容量的大小如何，都可以用斯皮尔曼等级相关来进行研究。

11.3.2 案例分析

【**案例 11-3**】 记录 10 名女性每周锻炼时间（h）和锻炼时困难感觉等级（按照 10 点量表记录，1 是非常容易，10 是非常困难），研究锻炼时间和困难感受之间的关系。

（1）打开 SPSS 进入变量视图，设置两个变量，分别是"锻炼时间"和"困难感受"。切换至数据视图，输入数据建立数据文件，如图 11.5 所示。

图 11.5 "锻炼时间和困难感受"数据文件

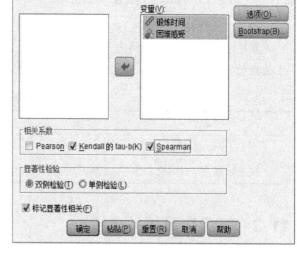

图 11.6 等级相关"双变量相关"对话框

（2）进入"分析"菜单→"相关"→"双变量"命令，弹出"双变量相关"对话框，如图 11.6 所示。设置如下：

① 将左侧变量文本框中的变量"锻炼时间"和"困难感受"选入右侧的"变量"框。

② 在"相关系数"区域选择"Spearman"和"Kendall 的 tau-b"选项。

③ 在"显著性检验"区域选择"双侧检验"。

④ 选择"标记显著性相关"，表示若变量之间显著相关，则需要做标注。

⑤ 点击"确定"按钮即可。

(3) 结果讨论。

表 11.5 "等级相关"检验结果

检验方法	相关变量	统计量	相关检验	
			锻炼时间	困难感受
Kendall 的 tau-b	锻炼时间	相关系数	1.000	−0.434
		P(双侧)	—	0.097
		N	10	10
	困难感受	相关系数	−0.434	1.000
		P(双侧)	0.097	—
		N	10	10
Spearman	锻炼时间	相关系数	1.000	−0.537
		P(双侧)	—	0.109
		N	10	10
	困难感受	相关系数	−0.537	1.000
		P(双侧)	0.109	—
		N	10	10

由表 11.5 可见,对于变量"锻炼时间"和"困难感受",Kendall 的 tau-b 等级相关系数是 −0.434,双侧检验 $P=0.097>0.05$,说明两者之间无显著相关性。

Spearman 等级相关系数为 −0.537,虽然相关系数表示两者之间中度相关,但双侧显著性检验 $P=0.109>0.05$,结论同上。

综上所述,对相关系数的显著性检验是非常重要的,不能仅因为相关系数大于 0.5 就判断两个变量是相关的。

11.4 偏相关分析

11.4.1 基本概念和方法

一个变量的变化影响到其他变量的变化,因此它们之间存在着不同的相关关系。两个变量同时消除了其余变量影响后的相关,称为偏相关。二元变量的相关分析有时无法较为真实准确地反映事物之间的相关关系。例如,对于体力活动与性别之间的关系,年龄可能也对体力活动有影响,剔除年龄的影响,单纯计算体力活动与性别之间简单相关系数即偏相关。

特别是多元回归中,应注意简单相关系数只是两变量局部的相关性质,而并非整体的性质。在多元回归中并不看重简单相关系数,而是看重偏相关系数。根据偏相关系数,可以判断自变量对因变量的影响程度;那些对因变量影响较小的自变量,则可以舍弃。

11.4.2 案例分析

【案例11-4】 收集20名19岁男生身高、体重和肺活量的数据,建立数据文件如图11.7所示,试控制体重变量,研究身高和肺活量之间的关系。

(1) 打开SPSS变量视图,设置3个变量,分别是"身高""体重""肺活量"。在数据视图输入数据建立文件,如图11.7所示。

(2) 打开"分析"菜单→"相关"→"偏相关"命令,弹出"偏相关"对话框,如图11.8所示。具体设置步骤如下:

① 将左侧变量文本框中的变量"身高""肺活量"调入右侧的"变量"框,将左侧变量"体重"调入右侧的"控制"框。

② "显著性检验"区域选择"双侧检验",并选择"显示实际显著性水平"。

图11.7 偏相关数据文件

③ 点击右侧"选项"标签,弹出下一级对话框,如图11.9所示。"统计量"区域勾选"零阶相关系数",其他为默认值。此处结果将同时进行Pearson相关系数检验,与偏相关进行比较。点击"继续"按钮回到图11.8的主对话框,单击"确定"按钮即可。

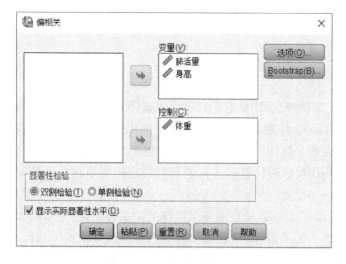

图11.8 "偏相关"对话框

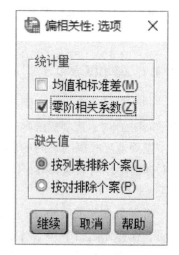

图11.9 "偏相关性:选项"对话框

(3) 结果讨论。

表 11.6 偏相关检验结果

控制变量	相关变量	统计量	相关检验		
			肺活量	身高	体重
无	肺活量	相关性	1.000	0.723	0.687
		显著性(双侧)	—	0.000	0.001
		自由度	0	18	18
	身高	相关性	0.723	1.000	0.590
		显著性(双侧)	0.000	—	0.006
		自由度	18	0	18
	体重	相关性	0.687	0.590	1.000
		显著性(双侧)	0.001	0.006	—
		自由度	18	18	0
体重	肺活量	相关性	1.000	0.542	
		显著性(双侧)	—	0.016	
		自由度	0	17	
	身高	相关性	0.542	1.000	
		显著性(双侧)	0.016	—	
		自由度	17	0	

表 11.6 显示，剔除体重因素后，肺活量和身高的偏相关系数为 0.542，其显著性概率 $P=0.016<0.05$，说明若不考虑体重的影响，身高与肺活量有显著相关性。

11.5 距离相关分析

11.5.1 基本概念和方法

距离相关分析变量之间相似或不相似程度，通常用距离来衡量。距离相关考察变量相互的接近程度，分析复杂的数据集合。距离相关分析主要有以下两种测量方法：
(1) 不相似性测量：通过计算样本之间或变量之间的距离来表示。
(2) 相似性测量：通过计算 Pearson 相关系数来表示。

距离相关分析根据分析对象不同，分为两种：
(1) 样本间分析：指样本和样本之间的距离相关分析。
(2) 变量间分析：指变量和变量之间的距离相关分析。

在不相似性测量的距离相关分析中，根据不同类型的变量，采用不同的统计量进行计算。连续型变量常用的统计量是欧氏距离平方(Squared Euclidean Distance)，分类变量常用的统计量是卡方。

11.5.2 案例分析

【案例 11-5】 现有某体院 8 名运动员的项目测试资料，如图 11.10 所示。考察 8 个人的亲疏程度。

(1) 进入 SPSS 变量视图，设置变量“ID(编号)”“sex(性别)”“group(组别)”“短跑”“投掷小球”“挺举重量”“抛实心球”。在数据视图中建立数据文件，如图 11.10 所示。

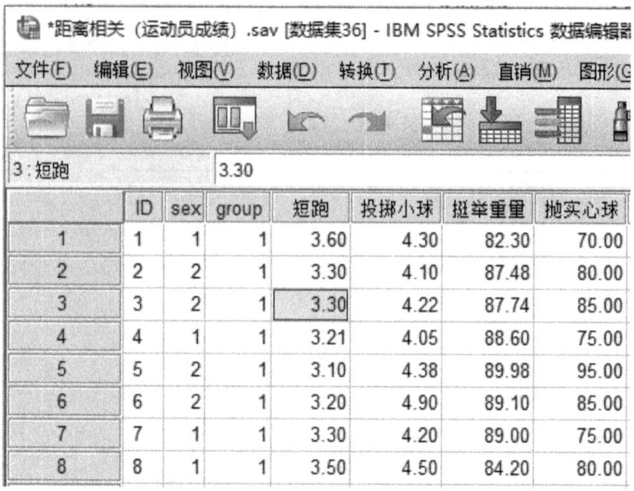

	ID	sex	group	短跑	投掷小球	挺举重量	抛实心球
1	1	1	1	3.60	4.30	82.30	70.00
2	2	2	1	3.30	4.10	87.48	80.00
3	3	2	1	3.30	4.22	87.74	85.00
4	4	1	1	3.21	4.05	88.60	75.00
5	5	2	1	3.10	4.38	89.98	95.00
6	6	2	1	3.20	4.90	89.10	85.00
7	7	1	1	3.30	4.20	89.00	75.00
8	8	1	1	3.50	4.50	84.20	80.00

图 11.10 距离相关数据文件

(2) 打开“分析”菜单→“相关”→“距离”命令，弹出“距离”对话框，如图 11.11 所示。具体设置步骤如下：

① 将左侧变量文本框中的变量“短跑”“投掷小球”“挺举重量”“抛实心球”选入右侧“变量”文本框。

② 将左侧变量“ID(编号)”选入右侧“标注个案”框。

③ “计算距离”区域选择“个案间”。

④ “度量标准”区域选择“不相似性”。首先进行“不相似性”相关分析。

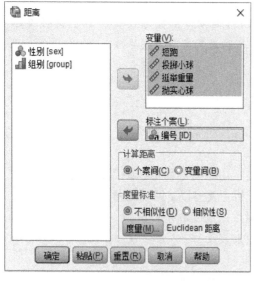

图 11.11 “距离-不相似性”对话框

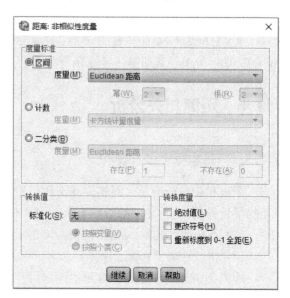

图 11.12 “距离:非相似性度量”对话框

⑤ 点击下方“度量”标签。弹出下一级“非相似性度量”对话框，如图 11.12 所示，选择“度量”为“Euclidean 距离”。单击“继续”按钮回到图 11.11 的主对话框，点击“确定”按钮即可。

(3)"不相似性相关"结果讨论。

表 11.7 基本统计量

有效		缺失		合计	
N	百分比	N	百分比	N	百分比
8	100.0%	0	0.0%	8	100.0%

表 11.7 对样本进行了基本的描述统计,其中 N 是样本含量。

表 11.8 亲疏矩阵

序号	Euclidean 距离							
	1	2	3	4	5	6	7	8
1	0.000	11.268	15.959	8.056	26.158	16.485	8.366	10.181
2	11.268	0.000	5.008	5.125	15.211	5.317	5.227	3.310
3	15.959	5.008	0.000	10.039	10.251	1.524	10.079	6.136
4	8.056	5.125	10.039	0.000	20.051	10.049	0.437	6.682
5	26.158	15.211	10.251	20.051	0.000	10.053	20.026	16.081
6	16.485	5.317	1.524	10.049	10.053	0.000	10.025	7.019
7	8.366	5.227	10.079	0.437	20.026	10.025	0.000	6.940
8	10.181	3.310	6.136	6.682	16.081	7.019	6.940	0.000

表 11.8 是不相似性分析的亲疏矩阵,这是一个对称矩阵。根据运动员的各项测试成绩计算两两之间的相关 Euclidean 距离,从表中的数值判断两者之间的亲疏程度。如表中最大的值为 26.158,表示 1 号和 5 号的 Euclidean 距离是最大的,也说明这两名运动员之间的关系最疏远,相似性最差。这对目前的跨项选材有一定的借鉴意义。

(4)"相似性相关"分析。

① 在图 11.11 中的"度量标准"区域选择"相似性",如图 11.13 所示。

图 11.13 "距离-相似性"对话框

图 11.14 "距离:相似性度量"对话框

② 点击图11.13中下方的"度量",弹出下一级"距离:相似性度量"对话框,如图11.14所示。选择"Pearson相关性"度量法,点击"继续"按钮回到图11.13的主对话框,单击"确定"按钮即可。

(5)"相似性相关"结果讨论。

表11.9 基本统计量

有效		缺失		合计	
N	百分比	N	百分比	N	百分比
8	100.0%	0	0.0%	8	100.0%

表11.9对样本进行了基本的描述统计,其中N是样本含量。

表11.10 相似性矩阵

序号	值向量间的相关性							
	1	2	3	4	5	6	7	8
1	1.000	0.999	0.995	1.000	0.987	0.996	1.000	0.997
2	0.999	1.000	0.999	0.998	0.994	0.999	0.998	1.000
3	0.995	0.999	1.000	0.995	0.998	1.000	0.995	1.000
4	1.000	0.998	0.995	1.000	0.987	0.996	1.000	0.996
5	0.987	0.994	0.998	0.987	1.000	0.997	0.986	0.997
6	0.996	0.999	1.000	0.996	0.997	1.000	0.996	1.000
7	1.000	0.998	0.995	1.000	0.986	0.996	1.000	0.996
8	0.997	1.000	1.000	0.996	0.997	1.000	0.996	1.000

表11.10中的相似矩阵也是对称矩阵,每个值是根据各项测试成绩计算的Pearson相关性距离。表中结果显示,1号与4号、1号和7号、2号和8号、3号和6号、3号和8号、4号和7号、6号和8号的Pearson相关系数为1.000,说明两人之间相似程度最高。

12 回归分析

回归分析(Regression Analysis)是确定两种或两种以上变量间相互依赖的定量关系的一种统计分析方法,其运用十分广泛。按照涉及的自变量的个数,分为一元回归分析和多元回归分析;按照因变量的多少,分为简单回归分析和多重回归分析;按照自变量和因变量之间的关系类型,分为线性回归分析和非线性回归分析。如果在回归分析中,只包括一个自变量和一个因变量,且二者的关系可用一条直线近似表示,这种回归分析称为一元线性回归分析。如果回归分析中包括两个或两个以上的自变量,且自变量与因变量之间存在线性相关,则称为多元线性回归分析。

回归分析的特点:

(1) 从一组样本数据出发,确定变量之间的数学关系式。

(2) 对这些关系式的可信程度进行各种统计检验,并从影响某一因变量的诸多自变量中找出哪些自变量的影响显著,哪些不显著。

(3) 利用所求的关系式,根据一个或几个自变量的取值来预测或控制因变量的取值,并给出这种预测或控制的精确程度。

回归分析与相关分析的区别:

(1) 相关分析中,变量 x 和 y 处于平等的地位;回归分析中,变量 y 称为因变量,处在被解释的地位,x 称为自变量,用于预测因变量的变化。

(2) 相关分析中所涉及的变量 x 和 y 都是随机变量;回归分析中,因变量 y 是随机变量,自变量 x 可以是随机变量,也可以是非随机的确定变量。

(3) 相关分析主要是描述两个变量之间线性关系的密切程度;回归分析不仅可以揭示变量 x 对变量 y 的影响大小,还可以由回归方程进行预测和控制。

本章主要介绍一元线性回归分析、多元线性回归分析、曲线拟合和简单的逻辑(Logistic)回归分析等类型。

12.1 一元线性回归分析

12.1.1 基本概念和方法

(1) 只涉及一个自变量时称为一元回归,且因变量 y 与自变量 x 之间为线性关系时称为一元线性回归。

(2) 对于具有线性关系的两个变量,可以用一个线性方程来表示它们之间的关系。

(3) 描述因变量 y 如何依赖于自变量 x 和误差项 ε 的方程称为回归模型。

对于只涉及一个自变量的简单线性回归模型可表示为 $y = \beta_0 + \beta_1 x + \varepsilon$,其中 y 是 x 的线性函数(部分)加上误差项,线性部分反映了由于x的变化而引起的y的变化;误差项ε是随机变量,反映了除x和y之间的线性关系之外的随机因素对y的影响,且不能由x和y之间的线性关系所解释的变异性;β_0与β_1称为模型的参数。

上述回归模型(方程)在二维平面上是一条直线,因此也称为直线回归方程。β_0是回归直线在y轴上的截距,即当$x=0$时y的期望值;β_1是直线的斜率,称为回归系数,表示当x每变动一个单位时,y的平均变动值。

线性回归应注意的几个问题:

(1)相关关系中两个变量x与y的关系是双向的,回归关系中两个变量是一种从属关系,回归方程$\hat{y}=a+bx$中,x是自变量,y是因变量,可以由自变量的取值推测因变量的取值。

(2)若确定由y推测x时,需重新计算回归方程。

(3)使用一元线性回归方程进行推测时,需注意回归方程是建立在样本数据的基础上,受样本区间的限制,不能随意外推。

12.1.2 案例分析

【案例 12-1】 10名国外优秀男运动员的100 m与400 m跑成绩(单位:s),如表12.1所示,试分析他们的100 m与400 m跑成绩之间的关系。

表 12.1 100 m 和 400 m 跑成绩

编号	1	2	3	4	5	6	7	8	9	10
100 m	10.3	10.7	10.4	10.3	10.5	11	10.9	10.5	10.8	10.6
400 m	44.5	47.5	45.4	45	46	49	48.5	46.5	48	47

(1)进入SPSS的变量视图,设置变量"a(100 m跑成绩)""b(400 m跑成绩)",切换到数据视图输入数据,建立数据文件,如图12.1所示。

图 12.1 一元线性回归数据文件

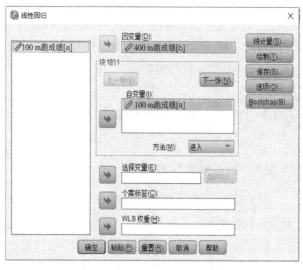

图 12.2 "一元线性回归"对话框

(2) 打开"分析"→"回归"→"线性"命令,弹出"线性回归"对话框,如图12.2所示。设置步骤如下:

① 将左侧变量文本框中的变量"400 m跑成绩(b)"调入"因变量"文本框,将"100 m跑成绩(a)"调入"自变量"文本框。

② "方法"区域选择"进入"法,表示所选自变量都进入回归模型。

(3) 在图12.2中,点击右侧"统计量"标签,弹出下一级对话框,如图12.3所示。

具体设置步骤如下:

① 在"回归系数"区域选择"估计",表示输出与回归分析相关的统计量,如回归系数、回归系数的标准误等。

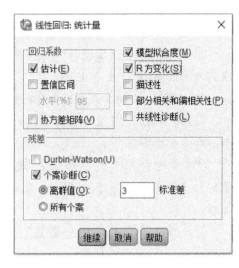

图12.3 "一元线性回归:统计量"对话框

② 在"回归系数"区域选择"模型拟合度",表示输出回归判定系数及调整后的判定系数、F方差分析表等。

③ 在"回归系数"区域选择"R方变化",表示若在回归方程中新增或剔除某个自变量后的变化量。

④ 在"残差"区域选择"个案诊断"并设置"离群值"为3个标准差,表示输出标准化残差的数据点相关信息,其中残差绝对值大于3。包括残差值、标准化残差值、观测值和预测值。

⑤ 点击"继续"按钮回到图12.2主对话框。

(4) 单击图12.2主对话框中右侧的"保存"标签,弹出下一级"保存"对话框,如图12.4所示。

图12.4 "一元线性回归:保存"对话框

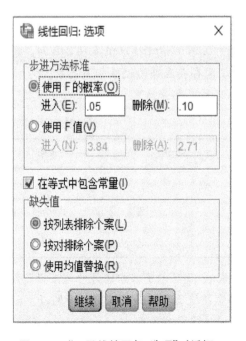

图12.5 "一元线性回归:选项"对话框

具体步骤如下：

① 在"预测值"中选择"未标准化"选项，表示保存为未标准化的预测值。

② "预测区间"区域选择"单值"并设置"95%"置信区间，表示保存一个样本数据的上下限的预测区间，置信度是 95%。

③ 选择"包含协方差矩阵"。点击"继续"按钮，回到图 12.2 的主对话框。

(5) 单击图 12.2 主对话框右侧的"选项"标签，弹出下一级"选项"对话框，如图 12.5 所示。具体步骤如下：

① "步进方法标准"区域设置"进入概率"为 0.05，"删除概率"为 0.1。这表示当自变量的相伴概率小于等于 0.05 时，则认为该自变量对因变量的影响显著，将其引入回归方程。

② 选择"在等式中包含常量"，表示若常量有显著性意义，则回归方程中出现常数项。

③ "缺失值"区域选择"按列表排除个案"，即删除样本数据中所有的缺失值。

④ 点击"继续"按钮回到图 12.2 的主对话框，单击"确定"按钮即可。

(6) 结果分析。

① 第一部分结果。

表 12.2　线性回归模型的统计检验

模型	相关系数 R	R 方	调整 R 方	估计标准误差	更改统计量				
					R 方更改	F 更改	第一自由度 df_1	第二自由度 df_2	概率 P
1	0.989	0.977	0.975	0.242 94	0.977	345.855	1	8	0.000

表 12.2 是线性回归模型统计检验表。其中，相关系数 $R=0.989$，$R^2=0.977$，经调整的 $R^2=0.975$，估计标准误差 0.242 94。结果表明因变量 400 m 跑成绩与自变量 100 m 跑成绩之间存在显著的线性相关关系。

② 第二部分结果。

表 12.3　回归统计方差分析检验

模型		平方和	自由度	均方	统计量 F	概率 P
1	回归	20.412	1	20.412	345.855	0.000
	残差	0.472	8	0.059		
	总计	20.884	9			

表 12.3 显示了回归统计的方差检验结果，如模型的方差来源、平方和、自由度、均方值、统计量 F 值及其显著性概率。可见，$F=345.855$，其相伴概率 $P=0.000<0.05$，说明本案例的回归效果较显著。

③ 第三部分结果。

表 12.4　回归系数检验

模型		非标准化系数		标准化系数	统计量 t	概率 P
		常量 B	标准误差	试用版		
1	（常量）	−18.430	3.505		−5.258	0.001
	100 m 跑成绩	6.148	0.331	0.989	18.597	0.000

表 12.4 是对回归系数进行检验。

其中，常量即回归方程的常数项，即回归直线的截距。本案例中回归系数是 −18.43，且常量对应的相伴概率 $P=0.001<0.05$，说明应该保留常数项。

自变量 100 m 跑成绩的系数为 6.148，其相伴概率 $P=0.000<0.05$，说明自变量的回归系数意义显著，即自变量与因变量之间存在较显著的线性相关关系。因此回归方程为：

$$y = -18.43 + 6.148x$$

④ 第四部分结果。

表 12.5 显示了回归方程预测的因变量值的基本描述统计量，如均值、极大（小）值。

表 12.5　回归方程预测值的基本描述统计量

因变量值	极小值	极大值	均值	标准偏差	样本含量
预测值	44.895 6	49.199 3	46.740 0	1.505 98	10
预测值的标准误差	0.077	0.153	0.106	0.025	10
残差	−0.395 56	0.374 81	0.000 00	0.229 04	10
残差的标准误差	−1.628	1.543	0.000	0.943	10

12.2　多元线性回归分析

12.2.1　基本概念和方法

一元线性回归是一个主要影响因素作为自变量来解释因变量的变化，在现实问题研究中，因变量的变化往往受几个重要因素的影响，此时就需要用两个或两个以上的影响因素作为自变量来解释因变量的变化，这就是多元回归亦称多重回归。当多个自变量与因变量之间是线性关系时，所进行的回归分析就是多元线性回归。多元线性回归（Multiple Linear Regression）是简单直线回归的推广，研究一个因变量与多个自变量之间的数量依存关系。多元线性回归用回归方程描述一个因变量与多个自变量的依存关系，简称多元回归。

多元线性回归的模型为：

$$y = b_0 + b_1x_1 + b_2x_2 + \cdots + b_nx_n$$

式中：y——根据所有变量 x 计算出的估计值；

　　　b_0——常数项；

　　　b_i——偏回归系数。偏回归系数表示在其他自变量固定不变的情况下，自变量 x_i 每改变一个单位时，其单独引起因变量 y 的平均改变量。

多元线性回归分析中回归系数的估计方法是通过最小二乘法（Method of Least Square），即寻找适宜的系数 $b_0,\cdots,b_n$，使得因变量残差平方和达到最小。其基本原理是：利用观察或收集到的因变量和自变量的一组数据建立一个线性函数模型，使得这个模型的理论值与观察值之间的离均差平方和最小。

建立多元线性回归模型时，为了保证回归模型具有良好的解释能力和预测效果，应首先注意自变量的选择，其准则是：

（1）自变量对因变量必须有显著的影响，并呈密切的线性相关。

（2）自变量与因变量之间的线性相关必须是真实的，而不是形式上的。

（3）自变量之间应具有一定的互斥性，即自变量之间的相关程度不应高于自变量与因变量之因的相关程度。

（4）自变量应具有完整的统计数据，其预测值容易确定。

12.2.2 案例分析

【**案例 12-2**】 测得 20 名大学生的体脂率与身高、体重、胸围等形态指标数据，试进行多元线性回归分析。

（1）进入 SPSS 变量视图设置 4 个变量，分别是"身高""体重""胸围""体脂率"。切换到数据视图建立数据文件，如图 12.6 所示。

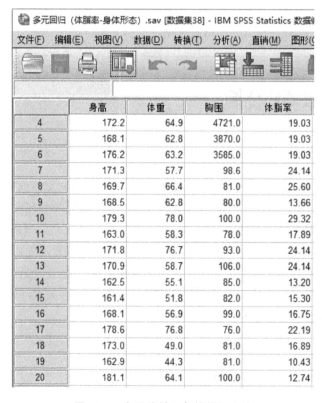

图 12.6 多元线性回归的数据文件

（2）打开"分析"菜单→"回归"→"线性"命令，弹出"线性回归"对话框，如图12.7所示。具体步骤如下：

① 将左侧变量文本框中的变量"体脂率"调入右侧"因变量"框，将左侧变量"身高""体重""胸围"调入右侧"自变量"框。

② "方法"框中选择"进入"。

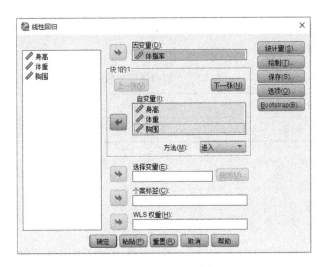

图 12.7 "多元线性回归"对话框

（3）在图 12.7 中，点击右侧标签"统计量"，弹出下一级对话框，如图 12.8 所示。"回归系数"区域选择"估计"和"模型拟合度"选项，在"残差"区域选择"所有个案"和"个案诊断"选项。点击"继续"按钮返回图 12.7 主对话框。

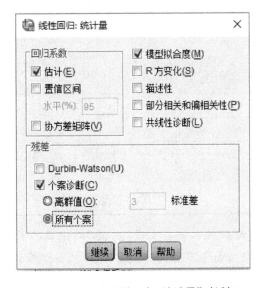
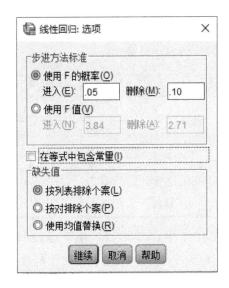

图 12.8 "多元线性回归：统计量"对话框　　图 12.9 "多元线性回归：选项"对话框

（4）点击图 12.7 中右侧的"选项"标签，弹出下一级对话框，具体设置如图 12.9 所示。

（5）结果讨论。

① 第一部分结果。

表12.6 输出结果

模型	输入的变量	移去的变量	方法
1	胸围、体重、身高	无	输入

表12.6显示了进入回归模型的自变量是胸围、体重、身高,方法是输入。

② 第二部分结果。

表12.7 回归模型检验

模型	相关系数 R	R 方	调整 R 方	估计标准误差
1	0.981	0.962	0.952	4.347 57

表12.7中显示 $R=0.981$,$R^2=0.962$,调整的 $R^2=0.952$,估计标准误差是4.347 57。

③ 第三部分结果。

表12.8 方差分析表

模型		平方和	自由度	均方	统计量 F	概率 P
1	回归	5 299.627	3	1 766.542	93.461	0.000
	残差	207.915	11	18.901		
	总计	5 507.542	14			

表12.8是回归的方差检验表,其中统计量 F 值为93.461,相应的显著性概率 $P=0.000<0.05$,说明本案例的回归效果明显。

④ 第四部分结果。

表12.9 系数检验

模型		非标准化系数		标准化系数	统计量 t	概率 P
		常量 B	标准误差	试用版		
1	身高	−0.114	0.085	−0.981	−1.342	0.207
	体重	0.397	0.134	1.239	2.966	0.013
	胸围	0.160	0.128	0.721	1.249	0.038

表12.9显示了回归模型中各回归系数检验结果。自变量"身高"的系数检验 $P=0.207>0.05$,说明此变量与因变量的线性相关关系不显著;自变量"体重"的系数检验 $P=0.013<0.05$,自变量"胸围"的系数检验 $P=0.038<0.05$,说明这两个自变量与因变量之间有显著线性相关关系,且回归系数分别是0.397、0.160。

因此,本案例的回归方程(体脂率与身高、体重、胸围之间的函数关系)为:

$$y=0.397\,x_2+0.16\,x_3$$

⑤ 第五部分结果。

表12.10　模型预测值统计

因变量值	极小值	极大值	均值	标准偏差	样本含量
预测值	11.939 5	26.474 5	19.027 3	4.216 18	14
残差	−8.017 46	5.674 93	0.000 55	3.999 18	14
标准预测值	−1.681	1.766	0.000	1.000	14
标准残差	−1.844	1.305	0.000	0.920	14

表12.10显示了该模型预测值、残差、标准预测值、标准残差的基本描述统计量,如样本含量、均值、标准偏差等。

⑥ 第六部分结果。

表12.11是回归模型预测诊断的结果。第四列是根据回归方程计算的因变量预测值。

表12.11　模型预测诊断

案例数目	标准残差	体脂率	预测值	残差
1	0.524	19.03	17.009 1	2.018 80
2	−0.529	19.03	21.065 0	−2.037 17
3	−0.509	19.03	20.987 3	−1.959 46
4	0.102	19.03	18.633 1	0.394 74
5	0.199	19.03	18.261 2	0.766 63
6	0.164	19.03	18.395 0	0.632 87
7	1.647	24.14	17.794 6	6.345 39
8	1.232	25.60	20.855 0	4.745 00
9	−1.546	13.66	19.616 4	−5.956 43
10	1.183	29.32	24.763 9	4.556 14
11	−0.060	17.89	18.121 8	−0.231 81
12	−0.071	24.14	24.413 2	−0.273 19
13	1.556	24.14	18.145 9	5.994 13
14	−0.989	13.20	17.010 5	−3.810 47
15	−0.150	15.30	15.875 9	−0.575 86
16	−0.210	16.75	17.558 3	−0.808 25
17	−0.564	22.19	24.363 5	−2.173 49
18	0.557	16.89	14.745 5	2.144 48
19	−0.730	10.43	13.241 8	−2.811 79
20	−1.857	12.74	19.894 4	−7.154 44

12.3 曲线拟合

12.3.1 基本概念和方法

实际工作中,变量间未必都有线性关系,如身体活动与高血压风险的关系、运动干预疗效与干预周期长短的关系等常呈曲线关系。曲线拟合(Curve Fitting)是指选择适当的曲线类型来拟合观测数据,并用拟合的曲线方程分析两变量间的关系。

曲线拟合的基本思想与前面讲的线性回归思想基本相同,都是希望通过构造一个逼近函数来表达样本数据的总体趋势和特征。所不同的是,曲线拟合适用于样本数据不具有线性特征而呈曲线分布的情况。进行曲线拟合时用得较多的还是最小二乘法,即通过使实测值与模型拟合值差值的均方差最小来求得模型参数,得到最佳的拟合函数表达式。

曲线直线化是曲线拟合的重要手段之一。对于某些非线性的资料可以通过简单的变量变换使之直线化,接着按最小二乘法原理求出变换后变量的直线方程,在实际工作中常利用此直线方程绘制数据的标准工作曲线,同时根据需要可将此直线方程还原为曲线方程,实现对资料的曲线拟合。基本步骤如下:

(1) 绘制散点图,选择合适的曲线类型。一般根据资料性质结合专业知识便可确定资料的曲线类型,不能确定时,可在方格坐标纸上绘制散点图,根据散点的分布,选择接近的、合适的曲线类型。

(2) 进行变量变换。使变换后的两个变量呈直线关系。

(3) 按最小二乘法原理求线性方程和方差分析。

(4) 将直线化方程转换为关于原变量 x、y 的函数表达式。

12.3.2 案例分析

【案例 12-3】 2009 年国民体质监测中,农村非体力人群 20～55 岁年龄段的 BMI 指数均值,如图 12.10 所示。试进行曲线回归分析。

(1) 进入 SPSS 变量视图,设置两个变量"年龄"和"BMI 指数"。进入数据视图建立数据文件,如图 12.10 所示。

(2) 打开"分析"菜单→"回归"→"曲线估计"命令,弹出"曲线估计"对话框,如图 12.11 所示。具体设置步骤如下:

① 将左侧变量文本框中的变量

图 12.10 曲线拟合的数据文件

"BMI 指数"调入右侧"因变量"框,将变量"年龄"调入右侧"自变量"框。

② "模型"区域有 11 种模型,本案例选择"线性""立方"。

线性模型即二次方程 $y = b_0 + b_1 x + b_2 x^2$,立方模型即三次方程 $y = b_0 + b_1 x + b_2 x^2 + b_3 x^3$。

③ 选择"显示 ANOVA 表格",表示对上述曲线模型进行方差分析检验。

④ 选择"在等式中包含常量"及"根据模型绘图"。

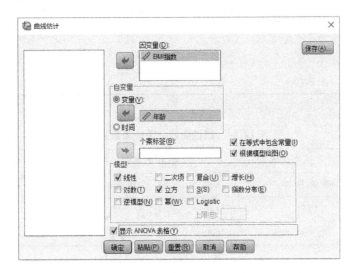

图 12.11　曲线估计主对话框

(3) 点击图 12.11 中右侧的"保存"标签,弹出下一级对话框,设置如图 12.12 所示,需要将所建立的模型的预测值作为新变量保存在数据文件中。

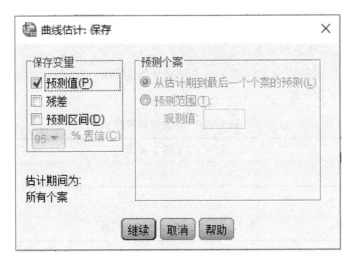

图 12.12　"曲线估计:保存"对话框

(4) 结果分析。

① 线性回归结果分析。

表 12.12 线性回归模型

相关系数 R	R 方	调整 R 方	估计值的标准误
0.920	0.847	0.822	0.290

表 12.13 线性回归模型的方差分析

因变量值	平方和	自由度	均方	统计量 F	概率 P
回归	2.803	1	2.803	33.247	0.001
残差	0.506	6	0.084		
总计	3.309	7			

表 12.14 线性回归模型的系数检验

模型	未标准化系数		标准化系数	统计量 t	概率 P
	常量 B	标准误	Beta		
年龄	0.052	0.009	0.920	5.766	0.001
（常数）	21.950	0.351		62.473	0.000

以上是对本案例进行线性模型拟合的结果。

表 12.12 中，相关系数的平方值 $R^2=0.847$，该值越大，说明模型优化程度越好。

表 12.13 中，方差分析统计量 $F=33.247$，对应的相伴概率 $P=0.001<0.05$，说明回归效果显著。

表 12.14 对回归模型的系数进行了检验，自变量"年龄"的回归系数为 0.052，相应的显著性概率 $P=0.001<0.05$，说明自变量与因变量显著相关；同理，常数项为 21.95，其显著性概率 $P=0.000$，有显著相关意义。

综上所述，线性回归模型方程为 $y=21.95+0.052x$。

② 立方回归结果分析。

表 12.15 立方回归模型

相关系数 R	R 方	调整 R 方	估计值的标准误
0.978	0.957	0.924	0.189

表 12.16 立方模型的方差分析

因变量值	平方和	自由度	均方	统计量 F	概率 P
回归	3.165	3	1.055	29.432	0.003
残差	0.143	4	0.036		
总计	3.309	7			

表 12.17　立方回归模型的系数检验

模型	未标准化系数		标准化系数	统计量 t	概率 P
	常量 B	标准误	$Beta$		
年龄	−0.331	0.252	−5.893	−1.314	0.259
年龄 ** 2	0.012	0.007	16.729	1.769	0.152
年龄 ** 3	0.000	0.000	−10.078	−1.983	0.118
（常数）	25.528	2.847		8.966	0.001

以上是立方拟合回归模型的结果表。表 12.15 中 $R^2=0.957$。表 12.16 是立方回归模型的方差分析，相应的显著性概率 $P=0.003<0.05$，说明可以三次回归拟合。表 12.17 中，所有系数检验只有常数项对应的概率 $P=0.001<0.05$，有显著相关意义。

因此，虽然立方回归拟合的相关系数平方值大于线性回归，模型更优化，但回归系数检验只有常数项有相关意义。故本案例线性回归拟合模型比立方拟合模型更适合。

③ 拟合曲线结果分析，见图 12.13。

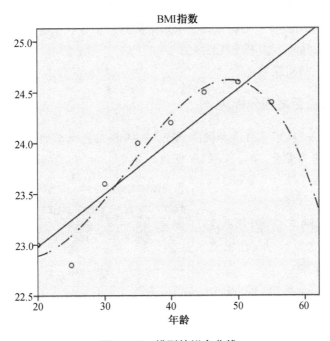

图 12.13　模型的拟合曲线

12.4　二分类 Logistic 回归分析

12.4.1　基本概念和方法

前面讨论的回归模型中，因变量和自变量都是可以直接用数字计量的，然而，在实际问题的研究中，经常会碰到一些分类变量，如性别、民族、文化程度等。卡方检验虽然可以用列联表来整理和分析分类资料，但无法描述其相互之间是否存在交互作用，且卡方检验对样本量要求较高，大大限制了它的应用范围。

统计学家曾试图用类似线性回归的模型来处理分类变量问题，如加权最小二乘法，但效果不佳。1970 年，Cox 引入了以前用于人口学领域的 Logit 变换成功解决了上述问题。即变量运用 Logit 变换，使曲线直线化，再进行直线回归的拟合。Logistic 回归模型针对分类变量的数据建立较好的模型，是目前较为成熟的分类因变量的标准建模方法。本章主要讨论二分类因变量（只有两个取值）的 Logistic 回归模型。

另外，自变量既可以是连续的，也可以是分类的。若自变量是分类变量，则应先做数量化处理，处理的方法是设置只有“0”和“1”两个值的 0-1 型虚拟自变量，也称为哑变量。当某一属性出现时，虚拟变量取值为“1”；否则取值为“0”。例如用“1”表示男性，“0”则表示女性。虚拟变量的数值没有任何数量大小的意义，仅仅用来说明观察数据的属性。

Logistic 回归模型的适用条件：

（1）因变量为二分类的分类变量或某事件的发生率。但是需要注意，重复计数现象指标不适用于 Logistic 回归。

（2）残差和因变量都要服从二项分布。二项分布对应的是分类变量，所以不是正态分布，因而不用最小二乘法，而是用最大似然法来解决方程估计和检验问题。

（3）自变量和 Logistic 概率是线性关系。

（4）各观测对象间相互独立。

12.4.2 二分类自变量案例分析

【案例 12-4】 某“城市体力活动健康调查”中，考察患高血压的影响因素。数据文件如图 12.14 所示。其中因变量“高血压”的取值为二分类（0=“未患病”，1=“患病”）。首先考虑是否与变量“性别”（1=“男”，2=“女”）相关，试建立回归模型。

（1）首先因变量为二分类，考虑建立 Logistic 回归模型。其次，自变量“性别”也是二分类变量。

（2）打开“分析”菜单→“回归”→“二元 Logistic”命令，弹出“Logistic 回归”对话框，如图 12.15 所示。

将左侧变量文本框中的变量“高血压”选择进入右侧的因变量文本框，将变量“性别”选择进入右侧“协变量”文本框，“方法”选择“进入”方式。

（3）在图 12.15 中，点击右侧“保存”标签，弹出“保存”二级对话框，如图 12.16所示。

	ID	性别	平均每天坐多久	高血压
1	300001	1	1	1
2	300002	2	2	0
3	300003	1	3	1
4	300004	2	3	1
5	300005	2	3	1
6	300006	2	2	0
7	300007	1	2	0
8	300008	1	2	0
9	300009	2	3	1
10	300010	2	2	0
11	300011	2	2	1

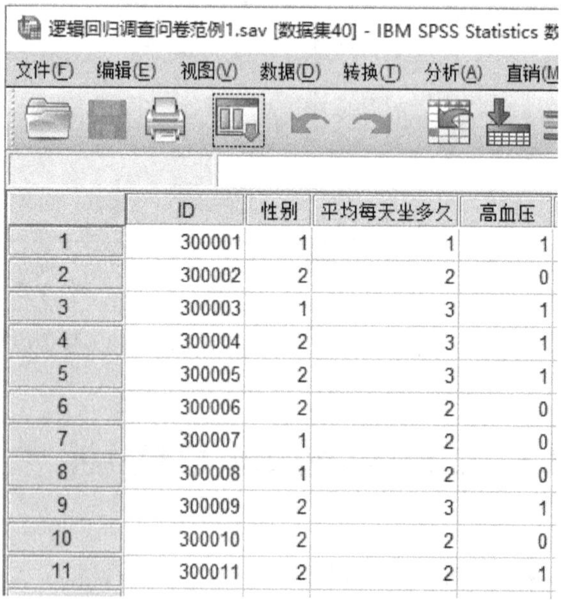

图 12.14 二分类自变量逻辑回归数据文件

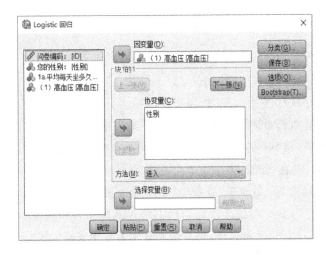

图 12.15 Logistic 回归对话框

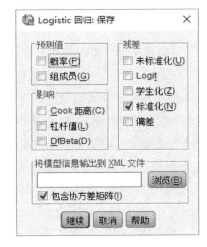

图 12.16 "Logistic 回归:保存"对话框

在"残差"区域选择"标准化",下方选择"包含协方差矩阵"。Logistic 回归要求残差合计为 0 并服从二项分布。点击"继续"按钮,回到图 12.15 主对话框,点击"确定"按钮即可。

(4) 结果分析。

表 12.18 常数项检验

常量 B	S.E	Wals	自由度 df	概率 P	OR
0.071	0.034	4.496	1	0.034	1.074

表 12.18 对回归模型常数项进行检验,其系数是 0.071,相应的显著性检验概率 $P=0.034<0.05$,优势比 $OR=1.074$,说明有相关意义。

表 12.19 分类自变量的检验

检验		卡方	自由度 df	概率 P
步骤 1	步骤	4.252	1	0.039
	块	4.252	1	0.039
	模型	4.252	1	0.039

表 12.19 对分类自变量进行了总体检验,$P=0.039<0.05$,说明该自变量与因变量具有显著相关性。

表 12.20 "性别"自变量系数检验

常量 B	S.E	Wals	自由度 df	概率 P	OR
0.298	0.115	6.714	1	0.010	1.346

表 12.20 对自变量系数进行了检验,其系数为 0.298,相应的显著性检验概率 $P=0.01<0.05$,优势比 $OR=1.346$,则可以建立回归模型。

综上所述,本案例逻辑回归模型方程为 $\text{Logit}(P)=0.071+0.298x$。

12.4.3 多分类自变量案例分析

二分类变量只需对两个类别进行比较,也可以对回归系数进行很好的解释。当自变量为多分类时,拟合一个回归系数显然说明不了问题。如案例 12-5 中的自变量赋值为 1、2、3、4,但不等同于 4 种取值之间存在大小次序关系。此时,需要将原始多分类自变量转化为若干个哑变量,SPSS 中的"分类"对话框执行此功能,对于 n 个水平的自变量 x,默认产生 $n-1$ 个哑变量。以第 n 水平为参照水平,SPSS 在分类变量编码矩阵中输出具体的赋值情况,在案例 12-5 中,自变量有 4 个水平,则在 SPSS 中产生 3 个哑变量。

【**案例 12-5**】 在案例 12-4 中,继续考察"高血压"是否受"平均每天坐多久"(1="低于 1 小时";2="1~2 小时";3="3~4 小时";4="超过 4 小时")的影响。试建立回归模型。

(1) 同案例 12-4,打开"二元 Logistic 回归"主对话框,将左侧变量文本框中变量"高血压"选入右侧"因变量"框,将变量"平均每天坐多久"选入右侧"协变量"框,如图 12.17 所示。

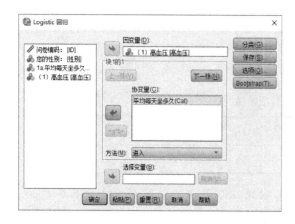

图 12.17 "多分类自变量 Logistic 回归"对话框

图 12.18 "Logistic 回归:定义分类变量"对话框

(2) 在图 12.17 中,"方法"选择"进入"建立模型。

(3) 点击图 12.17 中右侧标签"分类",弹出下一级对话框,如图 12.18 所示。将左侧"协变量"框中的变量"平均每天坐多久"选入右侧"分类协变量"框。点击"继续"按钮,回到图 12.17 的主对话框。单击"确定"按钮即可。

(4) 结果讨论。

表 12.21 多分类自变量编码

平均每天坐多久	频率	参数编码		
		(1)	(2)	(3)
(A) 低于 1 小时	205	1.000	0.000	0.000
(B) 1~2 小时	1 068	0.000	1.000	0.000
(C) 3~4 小时	1 297	0.000	0.000	1.000
(D) 超过 4 小时	849	0.000	0.000	0.000

表 12.21 是对多分类自变量的编码表。第二列表示该变量每个取值的频次计数,如有

205 人选择了"(A)低于 1 小时"选项,并将(A)选项编码为"平均每天坐多久(1)",其余以此类推。

表 12.22　常量的系数检验

常量 B	S.E	Wals	自由度 df	概率 P	OR
0.067	0.034	3.867	1	0.049	1.070

表 12.22 对回归模型中的常数项系数进行了检验。常量是 0.067,其对应的显著性概率 $P=0.049<0.05$,优势比 $OR=1.070$,说明该回归模型中应保留常数项。

表 12.23　模型检验

检验		卡方	自变量 df	自由度 df	概率 P
	步骤	8.278		3	0.041
步骤 1	块	8.278		3	0.041
	模型	8.278		3	0.041

表 12.23 对总体回归模型进行了检验,其显著性检验概率 $P=0.041<0.05$,说明自变量与因变量之间线性关系显著,可以进一步拟合回归模型。

表 12.24　回归方程中变量系数检验

自变量	常量 B	S.E	Wals	自由度 df	概率 P	OR
平均每天坐多久			8.246	3	0.041	
平均每天坐多久(1)	−0.283	0.156	3.297	1	0.069	0.753
平均每天坐多久(2)	−0.193	0.092	4.374	1	0.036	0.824
平均每天坐多久(3)	−0.236	0.089	7.075	1	0.008	0.790
常量	0.234	0.069	11.492	1	0.001	1.264

表 12.24 中第一行对自变量进行总体检验,$P=0.041$。接着对回归模型中的各哑变量及常量系数进行了检验。从表中第六列的显著性检验概率 P 值可见,哑变量"平均每天坐多久(1)"的显著性检验概率 $P=0.069>0.05$,说明该哑变量与因变量没有显著相关性,即高血压与平均每天静坐时间"(A)低于 1 小时"无显著相关,而其余哑变量均有显著相关性,即高血压与平均每天静坐时间"(B)1~2 小时""(C)3~4 小时"显著相关。

因此,逻辑回归方程为 $\text{Logit}(P)=0.234-0.193x_2-0.236x_3$。

13 聚类分析

聚类分析是指将物理或抽象对象的集合分组为由类似的对象组成的多个类的分析过程。它是一种重要的统计描述方法。

聚类分析的目标就是在相似的基础上收集数据来分类。聚类源于很多领域，包括数学、计算机科学、统计学、生物学和经济学。在不同的应用领域，很多聚类技术都得到了发展，这些技术方法被用作描述数据，衡量不同数据源间的相似性，以及把数据源分类到不同的簇中。

聚类与分类的不同在于，聚类所要求划分的类是未知的。聚类是将数据分类到不同的类，所以同一类别中的对象有很大的相似性，而不同类别间的对象有很大的差异性。

从统计学的观点看，聚类分析是通过数学建模简化数据的一种方法。传统的统计聚类分析方法包括系统聚类法、分解法、加入法、动态聚类法、有序样品聚类、有重叠聚类和模糊聚类等。采用 K-均值、K-中心点等算法的聚类分析工具已被加入到许多著名的统计分析软件包中，如 SPSS、SAS 等。

聚类分析的特征：

（1）聚类分析简单、直观。

（2）聚类分析主要应用于探索性的研究，其分析的结果可以提供多个可能的解，选择最终的解需要研究者的主观判断和后续的分析。

（3）不管实际数据中是否真正存在不同的类别，利用聚类分析都能分成若干类别。

（4）聚类分析的解完全依赖于研究者所选择的聚类变量，增加或删除一些变量对最终的解都可能产生实质性的影响。

（5）研究者在使用聚类分析时应特别注意可能影响结果的各个因素。

（6）异常值和特殊的变量对聚类有较大影响。

（7）当分类变量的测量尺度不一致时，需要事先做标准化处理。

13.1 层次聚类分析

13.1.1 基本概念和方法

层次聚类源于社会学领域，一般通过给定网络的拓扑结构定义网络节点间的相似性或距离，然后采用单连接层次聚类或全连接层次聚类将网络节点组成一个树状图层次结构。其中，树的叶节点表示网络节点，非叶节点一般由相似或距离接近的子节点合并而得到。

层次聚类方法对给定的数据集进行层次的分解，直到某种条件满足为止。具体又可分为凝聚的、分裂的两种方案。

凝聚的层次聚类是一种自底向上的策略,首先将每个对象作为一个类,然后合并这些原始类别为越来越大的类,直到所有的对象都在一个簇中,或者某个终结条件被满足,绝大多数层次聚类方法属于这一类,它们只是在类别间相似度的定义上有所不同。

分裂的层次聚类与凝聚的层次聚类相反,采用自顶向下的策略,它首先将所有对象置于同一个类别中,然后逐渐细分为越来越小的类,直到每个对象自成一簇,或者达到了某个终止条件。

层次凝聚的代表是 AGNES 算法,层次分裂的代表是 DIANA 算法。SPSS 中默认为凝聚的层次聚类。

凝聚层次聚类方法的基本思想是:通过某种相似性测度计算节点之间的相似性,并按相似度由高到低排序,逐步重新连接各节点。该方法的优点是可随时停止划分,主要步骤如下:

(1) 移除网络中的所有边,得到有 n 个孤立节点的初始状态。
(2) 计算网络中每对节点的相似度。
(3) 根据相似度从强到弱连接相应节点对,形成树状图或冰柱图。

13.1.2 案例分析

【案例 13-1】 收集中美俄等 7 个国家的体操裁判对 100 次体操比赛的评分,如图 13.1 所示。根据评分差异可否对其适当分类?

	中国	韩国	罗马尼亚	法国	意大利	美国	俄罗斯
1	7.30	8.00	7.10	7.70	7.20	7.20	7.00
2	7.80	8.70	7.20	8.40	7.50	8.10	7.30
3	7.20	7.40	7.10	7.50	7.20	7.10	7.00
4	7.30	8.40	7.20	7.90	7.50	8.50	7.30
5	7.70	7.80	7.20	8.40	7.60	7.40	7.10
6	7.30	7.60	7.20	8.10	7.30	7.20	7.00
7	8.30	8.30	7.70	8.50	7.80	7.80	7.20
8	9.60	9.80	9.30	9.80	8.80	9.90	9.40
9	9.10	8.80	8.60	9.10	7.80	9.30	8.50
10	9.50	9.70	9.00	9.60	8.90	9.80	9.20
11	7.80	8.50	8.30	9.10	8.00	9.50	7.60
12	8.60	8.90	7.80	9.00	8.00	8.70	7.80
13	8.50	9.10	8.10	9.30	8.00	8.30	7.80

图 13.1 层次聚类数据文件

(1) 在 SPSS 变量视图中设置 7 个变量,分别是"中国""韩国""罗马尼亚""法国""意大利""美国"和"俄罗斯"。进入数据视图建立数据文件,如图 13.1 所示。

(2) 打开"分析"菜单→"分类"→"系统聚类"命令,弹出"系统聚类"对话框,如图 13.2 所示。具体步骤如下:

① 将左侧变量文本框中所有 7 个变量全部选择进入右侧"变量"文本框。

② 在"聚类"区域选择"变量",表示对 7 个变量进行聚类分析。

③ 输出区域选择"统计量"和"图"。

图 13.2 "系统聚类分析"主对话框   图 13.3 "系统聚类分析:方法"对话框

(3) 在图 13.2 中点击右侧标签"方法",弹出下一级对话框,如图 13.3 所示。具体步骤如下:

① "聚类方法"选择"组间联接"。

② "度量标准"选择"区间",并选择计算"平方Euclidean距离",即欧式距离平方。变量为顺序或名义变量时,"度量标准"常选择"计数"的"卡方";变量为二分类变量时,"度量标准"选择"二分类"中的"标准Z分"。

③ "转换值"区域选择"无"。若在之前第②步中选择了任何一种标准化处理方法,则需选择"按照变量"或"按个案"。

④ 点击"继续"按钮,回到图 13.2 的主对话框。

(4) 在图 13.2 中,点击右侧的"绘制"标签,弹出下一级对话框,如图 13.4 所示。选择"树状图""所有聚类"及"水平"方向,点击"继续"按钮回到图 13.2 主对话框,单击"确定"按钮即可。

(5) 结果讨论。

图 13.4 "系统聚类分析:图"对话框

表 13.1　变量群集表

阶	群集组合		系数	首次出现阶群集		下一阶
	群集1	群集2		群集1	群集2	
1	2	4	9.620	0	0	4
2	3	5	10.570	0	0	3
3	3	7	15.235	2	0	5
4	2	6	17.570	1	0	6
5	1	3	27.183	0	3	6
6	1	2	66.501	5	4	0

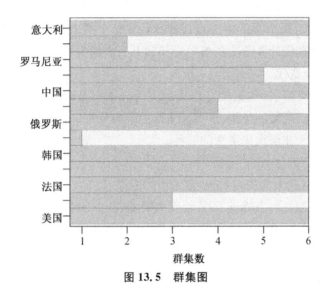

图 13.5　群集图

从表 13.1 和图 13.5 可见，变量 2 和 4 首先合并，其次是 3 和 5 合并，再次是 3、5 所在类别又和变量 7 合并，依次类推。表 13.1 中"下一阶"列表示在该步骤中合并的类别，下一次将在第 n 步中与其他类别再次合并。

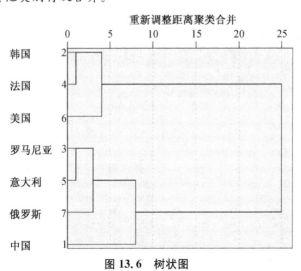

图 13.6　树状图

图 13.6 是层次聚类分析的树状图。由图可见,韩国和法国首先聚为一类,接着美国加入该类。罗马尼亚和意大利首先聚为另一类,接着俄罗斯并入该类,最后中国也合并入此类。由此可推测出各国裁判的评判风格。

13.2 快速聚类分析

13.2.1 基本概念和方法

SPSS 快速聚类过程适用于对大样本进行快速聚类,尤其是对形成的类的特征(各变量值范围)有了一定认识时,此聚类方法使用起来更加得心应手。

快速聚类首先确定每个类的中心点,SPSS 计算每个类中各个变量的均值作为新的类的中心点。计算经过迭代计算后的新类中心点和上一次的类中心点距离,直到两者距离达到设定的数值,则终止迭代。

和层次聚类分析类似,快速聚类分析的距离为样本间亲疏程度的标志。不同的是,快速聚类是用户事先指定聚类的类别,进行探索性的聚类分析。

快速聚类分析属于非层次聚类法的一种。

(1) 执行过程

① 初始化:选择(或人为指定)某些记录作为凝聚点。

② 循环:按就近原则将其余记录向凝聚点凝集,计算出各个初始分类的中心位置(均值),用计算出的中心位置重新进行聚类,如此反复循环,直到凝聚点位置收敛为止。

(2) 方法特点:通常要求已知类别数;可人为指定初始位置;节省运算时间;样本量大于 100 时有必要考虑;只适用于连续型变量。

13.2.2 案例分析

【案例 13-2】 根据运动员多项素质测试数据,如图 13.7 所示,进行快速聚类。

ID	sex	group	a	b	c	d	e	f
1	1	1	3.60	4.30	82.30	70.00	90.00	18.52
2	2	2	3.30	4.10	87.48	80.00	100.00	18.48
3	3	2	3.30	4.22	87.74	85.00	115.00	18.56
4	4	1	3.21	4.05	88.60	75.00	100.00	19.10
5	5	2	3.10	4.38	89.98	95.00	120.00	20.14
6	6	2	3.20	4.90	89.10	85.00	105.00	19.44
7	7	1	3.30	4.20	89.00	75.00	85.00	19.17
8	8	1	3.50	4.50	84.20	80.00	100.00	18.80
9	9	1	3.70	4.60	82.10	70.00	85.00	17.68
10	10	1	3.40	4.40	90.18	75.00	100.00	19.14
11	11	1	3.60	4.30	82.10	70.00	90.00	18.10
12	12	2	3.60	4.50	82.00	55.00	70.00	17.40

图 13.7 快速聚类数据文件

(1) 进入 SPSS 变量视图，建立各运动员基本情况及测试成绩的变量,如"性别(sex)""短距离跑""抛实心球"等 9 个变量。切换到数据视图建立数据文件,如图 13.7 所示。

(2) 打开"分析"菜单→"分类"→"K-均值聚类"命令,弹出对话框,如图 13.8 所示。具体设置步骤如下：

① 将左侧变量文本框中代表 6 项测试成绩的变量都选入右侧的"变量"框。

② 将左侧文本框中的变量"编号(ID)"选入右侧"个案标记依据"文本框。

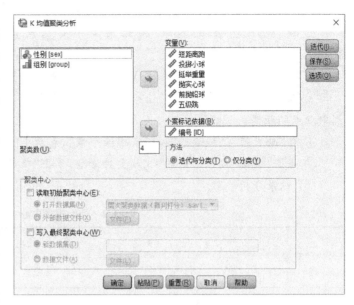

图 13.8 "K-均值聚类分析"对话框

③ "聚类数"框中输入"4",表示将所有运动员通过快速聚类分为 4 类。

④ 在"方法"区域选择"迭代与分类",表示先确定聚类中心,然后按 K-均值算法进行迭代分类。

(3) 点击图 13.8 中右侧标签"迭代",弹出下一级对话框,如图 13.9 所示。

① "最大迭代次数"输入"10",表示进行 10 次迭代计算后终止。

② "收敛性标准"默认为"0",表示新一次迭代聚类的中心点与上一次聚类的中心点最大距离小于指定数据标准。

③ 点击"继续"按钮,回到图 13.8 主对话框。

图 13.9 "K-均值聚类分析:迭代"对话框

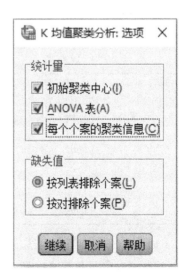

图 13.10 "K-均值聚类分析:选项"对话框

(4) 在图 13.8 中,点击右侧标签"选项",弹出下一级对话框,如图 13.10 所示。

① 在"统计量"区域选择"初始聚类中心",表示有关初始数据聚类的中心点数据。

② 在"统计量"区域选择"ANOVA 表",表示对快速聚类进行单因素方差分析。

③ 在"统计量"区域选择"每个个案的聚类信息",表示计算样本分类信息及其与所属类别中心点的距离。

④ 在"缺失值"区域选择"按列表排除个案",表示去除所有缺失值后再进行聚类分析。

⑤ 点击"继续"按钮回到图 13.8 主对话框,单击"确定"按钮即可。

(5) 结果分析。

表 13.2 初始聚类中心

变量	聚类			
	1	2	3	4
短距离跑	3.40	3.00	3.60	3.90
投掷小球	4.20	4.10	4.50	3.70
挺举重量	92.10	122.00	82.00	98.20
抛实心球	80.00	100.00	55.00	85.00
前抛铅球	120.00	115.00	70.00	90.00
五级跳	22.15	27.10	17.40	21.80

表 13.2 显示了快速聚类的 4 个初始聚类中心。

表 13.3 迭代类中心变化记录

迭代	聚类中心内的更改			
	1	2	3	4
1	8.398	13.239	11.025	13.189
2	0.871	1.971	3.347	1.057
3	0.682	0.891	0.000	0.000
4	0.753	0.913	0.000	0.000
5	0.000	0.000	0.000	0.000

表 13.3 记录了迭代计算的过程。一共进行了 5 次迭代完成了本案例的快速聚类。第一次迭代后的类中心和初始类中心距离分别为 8.398、13.239、11.025、13.189。依次类推,直至第五次迭代后类中心没有发生变化,距离是 0,迭代结束。

表 13.4　聚类的情况

编号	聚类	距离	编号	聚类	距离
1	4	11.542	35	1	10.610
2	4	5.095	36	3	16.734
3	1	6.628	37	2	9.495
4	4	4.837	38	2	10.951
5	1	13.423	39	1	6.966
6	1	9.458	40	4	12.317
7	4	11.248	41	1	9.406
8	4	6.592	42	4	10.963
9	3	9.999	43	2	22.871
10	4	5.073	44	1	8.704
11	4	11.708	45	4	12.497
12	3	12.785	46	2	17.790
13	4	11.649	47	2	7.330
14	4	9.194	48	1	8.166
15	4	4.998	49	1	9.389
16	4	8.546	50	2	18.961
17	1	3.908	51	1	11.135
18	3	4.732	52	2	9.124
19	4	8.566	53	4	11.187
20	1	6.336	54	4	10.042
21	3	5.573	55	4	4.368
22	4	9.811	56	4	7.328
23	4	9.189	57	4	10.684
24	1	7.970	58	4	2.816
25	4	11.268	59	3	3.611
26	4	8.884	60	4	6.671
27	4	11.723	61	2	18.015
28	1	4.926	62	2	16.126
29	2	9.119	63	1	9.132
30	2	10.251	64	4	9.396
31	2	9.575	65	4	16.660
32	4	17.390	66	4	5.397
33	2	10.161	67	1	10.391
34	4	13.696			

表 13.4 根据 5 次迭代快速聚类将 67 名运动员分成了 4 类,"聚类"列显示了各自所属类别。

表 13.5 最终的聚类中心

变量	聚类			
	1	2	3	4
短距离跑	3.29	3.25	3.53	3.45
投掷小球	4.18	4.17	4.24	4.21
挺举重量	93.48	108.65	85.09	88.62
抛实心球	84.06	91.35	61.67	77.50
前抛铅球	113.13	116.15	80.42	95.94
五级跳	21.14	24.77	18.34	19.85

表 13.5 显示了最终的聚类中心。

表 13.6 方差分析

变量	聚类		误差		统计量 F	概率 P
	均方	自由度	均方	自由度		
短距离跑	0.222	3	0.042	63	5.269	0.003
投掷小球	0.010	3	0.045	63	0.234	0.872
挺举重量	1 389.315	3	38.827	63	35.782	0.000
抛实心球	1 382.244	3	42.491	63	32.530	0.000
前抛铅球	2 844.534	3	35.770	63	79.522	0.000
五级跳	89.992	3	3.228	63	27.878	0.000

表 13.6 的单因素方差分析结果显示,除投掷小球差异不显著外,其他项目在 4 类运动员中均有显著性差异。说明将样本按此聚类为 4 类,效果较好。若单因素方差分析结果显示各类之间差异不显著,则可以考虑开始分类时分成 3 类或 5 类,说明快速聚类法需要尝试并不断调整。

表 13.7 各类别中的有效样本含量

聚类 1	聚类 2	聚类 3	聚类 4
16	13	6	32

表 13.7 显示,有效样本共 67 个,第一类包括 16 个,第二类包括 13 个,第三类包括 6 个,第四类包括 32 个。

14 因子分析与主成分分析

因子分析是指研究从变量群中提取共性因子的统计技术,最早由英国心理学家 C. E. 斯皮尔曼(C. E. Spearman)提出。他发现学生的各科成绩之间存在一定的相关性,一科成绩好的学生,往往其他各科成绩也比较好,从而推想是否存在某些潜在的共性因子,或称某些一般智力条件影响着学生的学习成绩。因子分析可在许多变量中找出隐藏的具有代表性的因子,将相同本质的变量归入一个因子,可减少变量的数目,还可检验变量间关系的假设。

因子分析的方法有两类:一类是探索性因子分析法,另一类是验证性因子分析法。探索性因子分析不事先假定因子与测度项之间的关系,而让数据"自己说话"。主成分分析和公因子分析是其中的典型方法。验证性因子分析假定因子与测度项的关系是部分知道的,即哪个测度项对应于哪个因子,虽然我们尚且不知道具体的系数。

14.1 基本概念和方法

因子分析是将多个实测变量转换为少数几个不相关的综合指标的多元统计方法。它通过研究众多变量之间的内部依赖关系,探求观测数据中的基本结构,并用少数几个假想变量来表示其基本的数据结构。假想变量是不可观测的潜在变量,称为因子。

主成分分析是寻找因子的一个主要方法,它是一种数学变换方法。主成分分析试图在力保数据信息丢失最少的原则下,对多个变量进行最佳综合简化,即对高维变量空间进行降维处理。SPSS 中没有把主成分分析作为一种独立的统计方法,而是和因子分析共用一个过程。

假设原来有 p 个变量(或称指标),通常的做法是将原来 p 个变量(指标)做线性组合,以此新的综合变量(指标)代替原来 p 个指标进行统计分析。如果将选取的第一个线性组合,即第一个综合变量(指标),记为 F_1,则自然希望 F_1 尽可能多地反映原有变量(指标)的信息。

如何衡量信息的含量,经典的做法就是采用"方差"来表示。F_1 的方差越大,F_1 所包含的信息就越多。F_1 的选取方法是:在所有的原来 p 个变量(指标)的线性组合中,选取方差最大的线性组合作为 F_1,称为第一主成分。如第一主成分不足以代表原来 p 个变量(指标)的信息,则考虑选取第二主成分 F_2。为有效反映原信息,F_1 已有的信息不需要再出现在 F_2 中,即要求 F_1 与 F_2 的协方差为零,即 $\text{Cov}(F_1, F_2)=0$。依此下去,我们可以构造出第 3、第 4、⋯、第 p 个主成分。在主成分之间,不仅不相关,而且方差依次递减。在实际工作中,我们往往选取前面几个较大的主成分。虽然损失一部分信息,但我们抓住了原来 p 个变量的大部分信息(一般要求超过 85%),分析的结果应该是可靠的、可信的。

因子分析有两个核心问题:一是如何构造因子变量;二是如何对因子变量进行解释。因子分析有以下 4 个基本步骤:

(1) 确定待分析的原有若干变量是否适合于因子分析。

(2) 构造因子变量。

(3) 利用旋转使得因子变量更具有可解释性。

(4) 计算因子变量的得分。

14.2 案例分析

【**案例 14-1**】 用因子分析法探究某年我国中文体育类学术期刊的综合影响力评价。统计指标:(1)复合影响因子 x_1;(2)即年指标 x_2;(3)载文量 x_3;(4)基金论文比 x_4;(5)被引半衰期 x_5;(6)web 即年下载率 x_6;(7)总被引频次 x_7。如表 14.1 所示。

表 14.1 我国中文体育类学术期刊评价指标

序号	期刊名称	复合影响因子	即年指标	载文量	基金论文比	被引半衰期	web即年下载率	总被引频次
1	体育科学	1.774	0.303	178.823 5	0.72	7.3	171	557
2	天津体育学院学报	1.612	0.14	130.107 5	0.59	6.5	75	461
3	上海体育学院学报	1.496	0.132	131.632 7	0.82	7.2	77	401
4	体育与科学	1.529	0.191	153.535 4	0.38	7.3	86	445
5	体育学刊	1.111	0.154	182.291 7	0.53	6.6	88	729
6	南京体育学院学报（社会科学版）	1.56	0.662	198.979 6	0.57	5.6	87	582
7	中国体育科技	1.341	0.169	146.391 8	0.51	7.9	80	429
8	西安体育学院学报	1.035	0.142	176.087	0.52	6.7	52	380
9	武汉体育学院学报	1.092	0.14	230.303	0.89	6.8	72	533
10	北京体育大学学报	0.971	0.074	461	0.49	6.4	111	938
11	首都体育学院学报	0.944	0.106	137.5	0.34	6.1	55	303
12	成都体育学院学报	0.862	0.079	291.666 7	0.4	6.8	66	513
13	体育科研	0.739	0.053	143.956	0.44	6.6	35	221
14	广州体育学院学报	0.803	0.065	175.257 7	0.32	6.9	60	286
15	沈阳体育学院学报	0.745	0.059	251.063 8	0.42	6.3	44	321
16	山东体育学院学报	0.819	0.042	242.424 2	0.45	5.2	52	474
17	体育文化导刊	0.76	0.051	534.375	0.35	5.6	53	782
18	河北体育学院学报	0.621	0.108	155.789 5	0.43	5.2	32	208
19	体育科学研究	0.415	0.015	141.489 4	0.46	6.3	39	110
20	浙江体育科学	0.393	0.01	209.183 7	0.34	6.7	34	174
21	体育成人教育学刊	0.388	0.038	209	0.27	6.1	29	172
22	吉林体育学院学报	0.34	0.026	344.444 4	0.34	4.5	25	263

(续表)

序号	期刊名称	复合影响因子	即年指标	载文量	基金论文比	被引半衰期	Web即年下载率	总被引频次
23	山东体育科技	0.447	0.063	159.596	0.23	7	30	118
24	安徽体育科技	0.33	0.019	166.666 7	0.33	7.1	31	112
25	军事体育进修学院学报	0.288	0.033	155.670 1	0.26	6.6	22	89
26	四川体育科学	0.295	0.019	161.616 2	0.34	7.5	31	95
27	辽宁体育科技	0.286	0.019	272.631 6	0.2	6.6	28	159
28	湖北体育科技	0.299	0.007	291	0.12	6.6	27	189
29	福建体育科技	0.255	0.008	133	0.3	7.4	18	66
30	哈尔滨体育学院学报	0.319	0.044	211.340 2	0.31	6	24	145
31	体育科技	0.303	0.018	164	0.49	7.6	28	80
32	搏击(武术科学)	0.29	0.019	608.247 4	0.18	4.2	24	289
33	体育科技文献通报	0.237	0.018	728.571 4	0.19	3.6	27	332
34	南京体育学院学报（自然科学版）	0.359	0.028	321	0.19	5	33	156
35	体育世界(学术版)	0.124	0.004	844.898	0.12	3.4	20	212
36	游泳	0.126	0.025	176.470 6	0.1	8.1	9	17
37	田径	0.016	0.006	337.5	0.11	9.7		6

(1) 打开SPSS进入变量视图，设置变量"name（期刊名称）"及其7个评价指标变量。如图14.1所示。

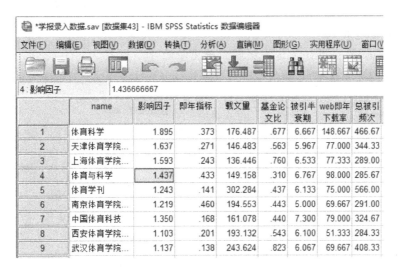

图14.1 因子分析数据文件

(2) 打开"分析"菜单→"降维"→"因子分析"命令，弹出"因子分析"对话框，如图14.2所示。将左侧变量文本框中7个评价指标变量选入右侧"变量"框。

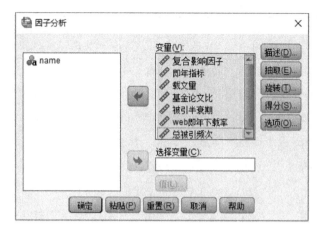

图 14.2 "因子分析"对话框

（3）点击图 14.2 中右侧"描述"命令，弹出下一级"描述统计"对话框，如图 14.3 所示。具体设置步骤如下：

① 在"统计量"区域选择"原始分析结果"，表示输出原始分析数据。

② 在"相关矩阵"区域选择"KMO 和 Bartlett 的球形度检验"，表示用此方法检验变量是否适合做因子分析。

③ 点击"继续"按钮，回到图 14.2 的主对话框。

（4）点击图 14.2 中右侧的"抽取"标签，弹出下一级对话框，如图 14.4 所示。

具体设置步骤如下：

① "方法"选择"主成分"，这是提取因子变量的依据。在"分析"区域选择"相关性矩阵"。

图 14.3 "因子分析:描述统计"对话框

图 14.4 "因子分析:抽取"对话框

图 14.5 "因子分析:旋转"对话框

② 在"抽取"区域选择"基于特征值>1",表示提取特征值大于 1 的因子。

③ 在"最大收敛性迭代次数"框输入"25",指收敛最大迭代次数为 25 次后终止。

④ 在"输出"区域选择"未旋转的因子解",表示输出未经旋转的因子载荷矩阵。

⑤ 点击"继续"按钮,回到图 14.2 主对话框。

(5) 点击图 14.2 中右侧的"旋转"标签,弹出下一级对话框,如图 14.5 所示。"旋转"的最终目的是为了简化因子载荷矩阵的结构。

具体步骤如下:

① 在"方法"区域选择"最大方差法",也称为正交旋转,目的是使每个因子具有最高载荷的变量数目最小,简化因子解释。

② 在"输出"区域选择"旋转解"和"载荷图"。"载荷图"指如果提取了两个因子,则输出原始变量在因子 1 和因子 2 坐标系中的散点图;若提取多于两个因子,则输出前三个因子的三维空间载荷散点图。

③ 点击"继续"按钮,回到图 14.2 的主对话框。

(6) 点击图 14.2 中右侧的"得分"标签,弹出下一级对话框,如图 14.6 所示。具体步骤如下:

① 选择"保存为变量",表示将因子得分作为新变量保存在原数据文件中。

② 在"方法"区域选择"回归"。这是计算因子得分系数的方法。

③ 选择"显示因子得分系数矩阵"。

④ 点击"继续"按钮,回到图 14.2 的主对话框。

图 14.6 "因子分析:因子得分"对话框

(7) 在图 14.2 中点击右侧的"选项"标签,弹出下一级对话框,设置如图 14.7 所示。点击"继续"按钮回到主对话框,点击"确定"按钮即可。

(8) 结果讨论。

① KMO 检验和 Bartlett 的球形度检验

主成分分析是从众多的原始变量中构造出少数几个具有代表意义的因子变量,前提条件是原有变量之间具有较强的相关性。如果原有变量之间不存在较强的相关关系,就无法从中找出公共因子变量。因此,需要通过 KMO 检验和 Bartlett 的球形度检验对原有变量做相关

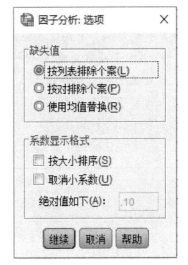

图 14.7 "因子分析:选项"对话框

分析,以判断是否适合做主成分分析。KMO 统计量用于比较变量间简单相关和偏相关系数。Bartlett 球形度检验是以变量的相关系数矩阵为出发点,验证数据的分布,从而判断各个变量间的独立情况。只有当 KMO 检验值大于 0.5,并且 Bartlett 球形度检验对应的相伴概率值(P 值)小于 0.05 时,说明选取的变量适合做主成分分析。

表 14.2　学术影响力指标的描述性统计

指标名称	指标符号	均值	标准差	观测个数
复合影响因子	x_1	0.733 15	0.475 266	37
即年指标	x_2	0.089 71	0.121 090	37
载文量	x_3	262.074 71	174.979 625	37
基金论文比	x_4	0.398 24	0.181 567	37
被引半衰期	x_5	6.229 41	1.097 526	37
web 即年下载率	x_6	51.411 76	32.117 321	37
总被引频次	x_7	175	22.462 427	37

表 14.2 对我国中文体育类学术期刊学术影响力指标体系中的 7 个文献计量指标进行了描述性统计。

表 14.3　KMO 检验和 Bartlett 的球形度检验

Kaiser-Meyer-Olkin 检验值	Bartlett 的球形度检验		
	近似卡方	自由度	概率 P
0.752	232.11	21	0.000

KMO 检验和 Bartlett 的球形度检验结果如表 14.3 所示：KMO 检验值为 0.752，大于 0.5；Bartlett 的球形度检验概率值为 0.000，小于 0.05。由此判断，可以对我国中文体育类学术期刊的影响力采用主成分分析法进行综合评价。

② 公因子提取及旋转分析

对数据进行自动抽取主成分，做方差极大法旋转，并进行主成分分析计算提取特征值大于 1 的因子作为公共因子，得到相关系数矩阵特征值、方差（贡献率）、累计方差（累计贡献率），如表 14.4 所示。

表 14.4　方差贡献率及旋转后的方差贡献率

公共因子	方差贡献率			旋转后的方差贡献率		
	特征值	贡献率(%)	累计贡献率(%)	特征值	贡献率(%)	累计贡献率(%)
1	4.076	58.232	58.232	2.368	33.835	33.835
2	1.656	23.654	81.886	2.123	30.324	64.158
3	1.639	9.135	91.021	1.880	26.862	91.021

因子提取的结果显示：特征值大于 1 的因子只有 3 个，其余成分特征值小于 1，可以忽略不计，即提取 3 个因子为公共因子，其方差累计贡献率达 91.021%，说明这 3 个公共因子（主成分）反映了原始 7 个指标的绝大部分信息。因此可以用 3 个主成分代替上述 7 个指标进行中文体育类学术期刊的学术影响力综合评价。

在此基础上，通过方差极大法旋转得到 7 个原始指标的因子载荷系数，如表 14.5 所示。表 14.5 中 k_{1i}，k_{2i}，k_{3i} 表示 7 个原始指标分别在公共因子 1，2，3 上的载荷系数，同时第五列表示各原始指标归属的公共因子序号。载荷系数越高且其绝对值越接近 1,表明该公共因子包含该指标的信息量越大,因子与该原始变量指标之间的关系越密切,故将该指标归属于该公共因子。

表 14.5　旋转后各指标的因子载荷系数

指标	k_{1i}	k_{2i}	k_{3i}	归属因子
复合影响因子	0.459	0.804	0.236	2
即年指标	0.925	0.349	0.115	1
载文量	−0.106	−0.121	−0.954	3
基金论文比	0.336	0.211	0.797	3
被引半衰期	0.881	−0.069	0.308	1
web 即年下载率	0.874	0.342	0.096	1
总被引频次	0.309	0.936	−0.053	2

图 14.8 是与表 14.5 对应的三维公共因子载荷散点图,以 3 个公共因子为坐标,给出各原始指标在该坐标系中的载荷散点图。

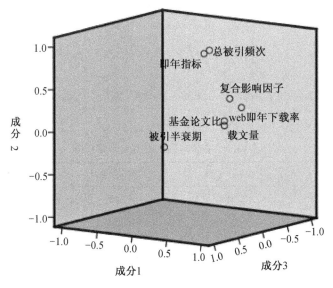

图 14.8　三维公共因子载荷散点图

结合表 14.5 及图 14.8,可见:

首先,在上述提取的三个公共因子中,第一公共因子(F_1)的方差贡献率为 58.232%,贡献最大。F_1 上载荷系数大于 0.7 的原始指标有 3 个,按由大到小的顺序排列分别是:即年指标 x_2,被引半衰期 x_5,web 即年下载率 x_6。故第一公共因子的主要成分为 x_2, x_5, x_6,主要反映该刊文献质量及其被引用下载情况,同时反映该刊吸收其他文献的更新程度,因此可称 F_1 为时效因子。载荷系数在 0.9 以上的变量只有即年指标 x_2,说明它对 F_1 的贡献程度最大,关系最密切。被引半衰期 x_5 的载荷系数较 web 即年下载率大,为 0.881,位居第二。

其次，第二公共因子(F_2)的方差贡献率次之为 23.654%。F_2 上载荷系数大于 0.7 的原始指标有 2 个，由大到小排列为：总被引频次 x_7，复合影响因子 x_1。故第二公共因子(F_2)的主要成分为 x_1, x_7。指标反映文献被阅读和引用程度等信息，因此可称 F_2 为影响力因子。但总被引频次 x_7 的载荷系数为 0.936，较复合影响因子 x_1 大，说明 x_7 对 F_2 的贡献很大，关系很密切，且由此表明主成分分析法可有效弥补因自引较高带来的部分指标评价失真的问题。

最后，第三公共因子(F_3)的方差贡献率为 9.135%。F_3 上载荷系数绝对值大于 0.7 的原始指标有 2 个，由大到小排列为：载文量 x_3，基金论文比 x_4。故第三公共因子(F_3)的主要成分为 x_3, x_4。指标主要反映期刊信息量大小、稿件来源的学术质量及期刊的总体运行状况，因此可称 F_3 为期刊特征因子。载荷系数绝对值在 0.9 以上的变量有载文量 x_3，说明它与 F_3 关系最密切。

③ 计算因子得分

采用 Bartlett 回归方法得到 3 个公共因子的得分系数矩阵，如表 14.6 所示。根据表 14.6 可计算公共因子得分 $Z_i (i=1, 2, 3)$，见式(1)～(3)：

$$Z_1 = 0.384x_1 - 0.242x_2 + 0.309x_3 + 0.481x_4 + 0.004x_5 + 0.563x_6 - 0.224x_7 \tag{1}$$

$$Z_2 = 0.035x_1 + 0.587x_2 - 0.170x_3 - 0.224x_4 - 0.110x_5 - 0.191x_6 + 0.595x_7 \tag{2}$$

$$Z_3 = 0.060x_1 + 0.081x_2 - 0.632x_3 - 0.023x_4 + 0.485x_5 - 0.197x_6 - 0.019x_7 \tag{3}$$

表 14.6　各公共因子的得分系数矩阵

指标	F_1 得分系数	F_2 得分系数	F_3 得分系数
复合影响因子	0.384	0.035	0.060
即年指标	−0.242	0.587	0.081
载文量	0.309	−0.170	−0.632
基金论文比	0.481	−0.224	−0.023
被引半衰期	0.004	−0.110	0.485
web 即年下载率	0.563	−0.191	−0.197
总被引频次	−0.224	0.595	−0.019

在此基础上，3 个公共因子得分再按各自特征值加权相加即为综合得分 E 值（见公式(4)），即 37 种期刊的主成分分析综合评价得分，反映其综合学术影响力水平的相对位置。结合表 14.6 可得：

$$E = 2.368 Z_1 + 2.123 Z_2 + 1.880 Z_3 \tag{4}$$

各期刊公共因子得分及综合学术影响力评价得分计算结果如表 14.7 所示。

表 14.7　中文体育类学术期刊学术影响力主成分分析综合评价得分及排名

期刊名称	Z_1	Z_2	Z_3	Z	排名
体育科学	−0.618 19	5.371 44	−0.109 59	9.733 664	1
上海体育学院学报	2.938 9	0.581 21	−0.012 96	8.168 859	2
中国体育科技	1.877 74	−0.505 98	0.622 9	4.543 345	3
体育与科学	0.868 33	0.150 29	0.938 01	4.138 73	4
武汉体育学院学报	0.697 54	0.553 04	0.612 98	3.978 281	5
天津体育学院学报	1.656 24	−0.152 13	0.154 85	3.890 122	6
体育学刊	1.305 39	−0.109 32	0.350 61	3.518 224	7
北京体育大学学报	0.933 94	0.196 89	0.198 23	3.002 24	8
西安体育学院学报	0.268 13	0.260 2	0.491 78	2.111 883	9
首都体育学院学报	1.699 25	−0.333 27	−1.074 37	1.296 476	10
山东体育学院学报	0.395 66	−0.116 6	0.028 64	0.743 224	11
成都体育学院学报	−0.139 12	0.155 05	0.365 26	0.686 424	12
沈阳体育学院学报	−0.037 08	−0.234 44	0.547 73	0.444 211	13
南京体育学院学报(社会科学版)	−0.023 6	−0.217 82	0.401 3	0.236 127	14
广州体育学院学报	−0.201 6	−0.333 05	0.669 72	0.074 62	15
体育文化导刊	0.014 33	−0.221 76	0.256 75	0.045 827	16
河北体育学院学报	−0.395 5	−0.715 84	1.111 48	−0.366 69	17
体育科研	−0.560 07	0.339 35	0.071 1	−0.472 14	18
山东体育科技	0.348 18	−0.381 95	−0.430 64	−0.795 99	19
体育科学研究	−1.102 85	0.049 78	0.888 16	−0.836 13	20
四川体育科学	−0.220 47	−0.641 88	0.538 82	−0.871 8	21
安徽体育科技	−0.753 65	−0.531 17	1.078	−0.885 68	22
浙江体育科学	−0.744 48	−0.486 43	0.879 66	−1.141 86	23
军事体育进修学院学报	−0.512 95	−0.592 78	0.516 44	−1.502 23	24
体育成人教育学刊	−1.191	−0.162 22	0.775 06	−1.707 57	25
哈尔滨体育学院学报	0.392 81	−0.116 26	−1.302 04	−1.764 48	26
体育科技	−0.463 5	−0.103 41	−0.243 7	−1.775 26	27
辽宁体育科技	−0.908 49	−0.121 63	0.305 24	−1.835 67	28
湖北体育科技	−0.964 09	−0.072 81	0.290 01	−1.892 32	29
南京体育学院学报(自然科学版)	−1.011 99	−0.305 36	0.314 33	−2.453 73	30
福建体育科技	−0.987 5	−0.301 35	0.250 27	−2.507 66	31
吉林体育学院学报	−1.144 82	−0.357 44	0.257 13	−2.986 37	32

(续表)

期刊名称	Z_1	Z_2	Z_3	Z	排名
搏击(武术科学)	−0.870 37	−0.065 76	−0.604 17	−3.336 48	33
体育科技文献通报	−0.584 83	−0.184 21	−0.878 79	−3.428 08	34
体育世界(学术版)	−0.608 14	−0.184 93	−1.938 1	−5.476 31	35
游泳	−0.379 63	−0.220 02	−2.653 43	−6.354 51	36
田径	−0.447 11	−0.51	−3.096 79	−7.963 45	37

表 14.7 中综合得分 Z 越大,则所对应的期刊学术影响力越好。37 种期刊根据分值降序排名,综合得分为负值表示该期刊的学术影响力在平均水平以下,综合得分为正值表示该期刊的学术影响力在平均水平以上。由表 14.7 可见,排名前 16 的期刊综合分值为正,其余分值为负,表明前 16 种期刊学术影响力水平高于平均水平,剩余 21 种期刊学术影响力低于平均水平。综合排名前 16 的期刊中,有 15 种是中文体育类核心期刊,故主成分分析综合排名基本与期刊在体育学科的学术地位及影响力相匹配,一定程度上验证了此综合评价方法的可信度。同时可见,排名 14 的非核心期刊《南京体育学院学报(社会科学版)》上升势头迅猛,结合表 14.1 可见,其即年指标居榜首,说明该刊及时把握本学科前沿和热点问题,被学界及读者关注。综合评价排名第一的《体育科学》始终在体育学术期刊中处于领军地位,在第二公因子(影响力因子)上的得分最高,结合表 14.1 可以看出,该刊不仅复合影响因子最高,且 web 即年下载率遥遥领先,说明该刊在"互联网+"的"大数据"时代,注重利用网络环境通过网络传播加强数字化出版。

参考文献

[1] 张文彤.SPSS统计分析基础教程[M].3版.北京:高等教育出版社,2017.
[2] 郑宁,胡雄,薛晓光.SPSS 21统计分析与应用从入门到精通[M].北京:清华大学出版社,2015.
[3] 陈胜可,刘荣.SPSS统计分析从入门到精通[M].3版.北京:清华大学出版社,2015.
[4] 刘照德,黄小敏.统计学:从典型案例到问题和思想[M].广州:华南理工大学出版社,2015.
[5] 马斌荣.SPSS(PASW)17.0在医学统计中的应用[M].4版.北京:科学出版社,2010.
[6] 苏理云,陈彩霞,高红霞.SPSS 19统计分析基础与案例应用教程[M].北京:希望电子出版社,2012.
[7] 于晓东.SPSS简明教程:在社会学中的应用[M].北京:中国社会科学出版社,2015.
[8] 朱建平.SPSS统计分析与应用[M].北京:首都经济贸易大学出版社,2012.